电子商务客户服务

职业教育财经商贸类专业教学用书

主编 蔡燕

华东师范大学出版社

前言

QIAN YAN

随着互联网基础设施的不断完善以及智能手机的普及和应用,我国的电子商务行业迅猛发展。电子商务的出现催生了一批新的职业,电子商务客服就是其中之一。作为企业与顾客对接的重要桥梁,电子商务客服在电商时代逐渐成为不可或缺的角色。

本书立足目前的职业发展现状,详细系统地为读者介绍电子商务客服方面的知识,为大家提高自身的技能水平打好理论基础。

在本书中,编者将从电商客服的岗前准备、完美的售前体验、高效的售中体验、满意的售后体验等方面入手,结合丰富的案例,深入浅出地为读者阐明如何成为一名优秀的电商客服。

全书共分为了7个项目。首先,在本书的项目一中,编者提纲挈领,对电商客服方面的基本知识做了详尽的阐述,首先为读者打牢基础,了解电商客服上岗前应该做好哪些准备工作。项目二至项目四,编者从售前、售中、售后这三个环节来体现电商客服的主要工作服务,以及提高服务水平的技巧和具体科学方法。项目二用了大量客服工作常见案例,场景化地叙述了电商客服在接受顾客咨询以及向顾客推荐商品时的合理做法。项目三的售中客服则是手把手教授实际操作,详细教处理客户订单和催付这两大重点。项目四的售后客服,列举客服工作中可能遇到的重点问题,比如面对负面纠纷、客户退货、客户评价等工作问题,客服应如何化解危机,维护店铺的利益。项目五的客户与数据管理,编者的目光聚焦到了客服工作的另一大重点。在了解客户管理的基础知识后,编者为读者介绍数据化管理客户的方式以及操作方法,实用性强。项目六跳出淘宝网等电商平台,紧跟近年来的潮流,为大家叙述了新兴的微店客服,解释其与传统客服的异同点,开阔视野,实现技能转化对接。项目七的KPI系统控制则是对客服工作管理的介绍,这是在普通客服晋升成为客服主管后的主要职责。KPI管理知识以及KPI系统的操作学习为大家以后职业生涯发展打下基础。

本书内容及特例具有以下特色。首先是内容全面且不失新颖,编者系统梳理了电商客服的工作内容,工作中应该注意到的问题,以及晋升后该具备的职业技能,可谓面面俱到。其次是本书逻辑线条清晰,理论与实践紧密结合,案例场景化,生动而接地气,具有很强的指导性。最后,本书的排版制作采用了图文并茂的方式,将操作与行业岗位紧密相连,使读者能够轻松地理解并运用。此外,本书关注读者的阅读体验、知识掌握情况,以及与教师的互动。本书里每个任务的开头都设置清单,阐明任务重点和流程,结尾设置相应的任务评价,让读者对自己的学习有清晰的认识,最后还有项目练习来巩固学习成果。一套学习体系科学完整,帮助读者愉快地完成电子商务客服的学习。

本书由上海市振华外经职业技术学校、上海市商业学校的老师与电子商务企业的专家组成的编写小组共同完成编写。蔡燕老师负责对全书统稿、总撰,编写人员有陈玉红、金莉萍、夏冬英、郭雪利、詹静老师。由于编者水平有限,在编写本书的过程中难免会存在疏漏之处,恳请广大读者批评指正。

编者

2019 年 8 月

目录

MU LU

项目目标

● **知识目标**
1. 了解客户服务的含义和岗位知识；
2. 学习电商客服工具的使用；
3. 了解电商客服的基本技能。

● **技能目标**
1. 能够掌握客服工具的使用；
2. 能够分析不同客户的消费心理。

● **情感目标**
1. 具备初步的客服岗位认知；
2. 培养举一反三的学习能力。

项目流程

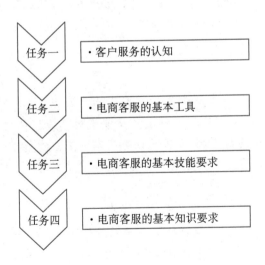

任务一 · 客户服务的认知

任务二 · 电商客服的基本工具

任务三 · 电商客服的基本技能要求

任务四 · 电商客服的基本知识要求

项目导读

　　随着电商行业的发展，客服在该行业的重要性也越来越凸显。在电商各岗位中，客服是唯一能够跟客户直接沟通的岗位，这种沟通会给客户带来更良好的消费体验，从而影响客户的购买行为。在本项目中，我们将通过任务一学习电商客服的岗位知识，通过任务二学习电商客服工作中常用的一些工具，通过任务三学习电商客服的基本技能要求，通过任务四学习电商客服需要掌握的基本知识。

项目实施

◇ **案例链接**

2017年电商行业最佳客服：苏宁

21CN聚投诉公布2017年行业最佳客服奖，该奖项是21CN聚投诉基于平台投诉数据对各行业商家客服颁发的公益性奖项。自2014年起进行评选，旨在推动商家提升客户服务质量和用户满意度。

据了解，苏宁易购率先与聚投诉签约"7天内解决投诉承诺"协议，为消费者提供投诉绿色通道，从而更便捷地解决客诉问题。不难看出，苏宁易购继续保持较高的投诉解决率，并比2016年86.4%的解决率提升近10个百分点，这一成绩，来自苏宁客服、公关乃至法务等多个团队对消费者投诉的重视。因此，苏宁易购也获得了聚投诉"2017年电商行业最佳客服"奖。苏宁易购客服相关负责人表示，服务是苏宁唯一的产品，用户体验是检验服务的唯一标准。2017年苏宁抽调骨干成员，组建了客服尖刀团队，认真受理每一单投诉，对每位顾客的投诉，积极协调各方资源妥善沟通处理。新的一年，苏宁仍将针对消费体验中的各项痛点，积极改进优化，努力为消费者带去更高品质的消费体验。

苏宁客服的获奖是电商行业客服质量不断提升的一个代表，那么什么是电商客服呢？接下来，我们和小丽一起展开学习。

任务一 客户服务的认知

 任务描述

　　小丽是一名即将毕业的大学生，她想找一份电商客服岗位的工作，在找工作之前，小丽打算做好充分的准备工作，从理论知识和实操技能上对客服岗位的工作做好充分的准备。小丽给自己制定了一项学习计划，打算通过任务突破的方式进行学习。小丽给自己列出了第一个任务：了解电商客服。以下是她给自己列出的任务清单：

任务清单	
任务目标	了解电商客服的含义、发展趋势和岗位设置
任务分解	活动一 了解电商客服的含义
	活动二 了解客户服务产业的发展趋势
	活动三 了解电商客服的岗位设置
材料准备	书籍
知识准备	电子商务行业知识
技能准备	打字速度、理论知识识记

活动一　了解电商客服的含义

通常情况下，我们在购物时，商店里会有销售人员或者导购为我们选购商品提供一定的帮助和服务，向我们介绍商品信息、回答我们关于商品的一些疑问、协助我们进行付款和包装等。这就是客户服务，客服即客户服务，也指对客户进行服务的人。通过为客户提供服务，提高客户满意度，从而把客户服务价值转变为企业销售价值的一种企业活动。

电商客服与传统行业的客服相似，都是为客户提供服务，只不过由于电商贸易的虚拟性和数字化，客服人员需要通过电脑、电话等工具，借助互联网对客户进行服务。

客服三种常见工作场景

服务场景 1——商品咨询

露露是天猫商城的在线客服，每天露露都会通过在线交流软件接待很多客户对商品的咨询问题，以下是她的某个服务场景。

客户："这件衬衣有黑色吗？"

露露："亲，非常抱歉，这件商品没有黑色了呢，现在有白色和粉色可以选择。"

服务场景 2——物流查询

小美是天猫商城的电话客服，她每天的主要工作就是接听客户拨打的商城服务电话，以下是她的某个服务场景。

小美："您好，这里是＊＊售后服务热线，请问有什么可以帮到您？"

客户："我上个月 20 号在你们店买的电脑，到现在都半个月了还没收到，你能帮我查查吗？"

小美："好的，您能告诉我您的订单号吗？"

客户："201708102345。"

小美："好的，请稍等。"

小美："感谢您的耐心等待，您的订单显示正在派送中，预计今天就可以收到。"

服务场景 3——促销短信

小明是一家线上商城的客服。2018 年 4 月，商城要举办一次老客户回馈优惠活动，小明负责通过管理平台给老客户发送推送短信，告知老客户活动信息，以下是他给客户发送的信息。

"尊敬的客户您好，＊＊店铺 4 月 1 日至 2 日老客户大回馈，老客户全场 7 折，快来选购吧。"

活动二　了解客户服务产业的发展趋势

1. 科技化

客户服务部门与客户间的互动沟通,日趋明显地依赖于科技手段。客户服务产业的革命也叫做科技化升级。从国际化的趋势来看,客户服务越来越需要高科技的手段。因为企业的客户太多了,如果为数万人同时提供服务,没有高科技手段是不可能实现的。因此,客户服务部门与客户之间的互动沟通,现在都是采用科技手段进行的。

客户服务产业中的高科技应用

1. 服务电话答复中心——Call Center

目前,Call Center 在客户服务领域当中被广泛应用,全称叫做服务电话答复中心。很多企业的客户服务都是通过答复中心来实现的。购买一件产品,会得到这个产品的维修电话。有问题可以打电话进行咨询、要求维修或进行投诉,这些都是通过答复中心来完成的。

2. 广播传真

广播传真是通过电脑来实现针对几万、十几万,甚至二十万客户同时来做的一些客户服务工作,是文字上的客户服务。

3. 呼叫中心

呼叫中心,目前在我国内地还是一个新兴的产业。呼叫中心涉及很多工作,有点类似于寻呼台。需要对几千甚至几万个客户提供信息服务,只靠一个人或十个人是不行的,可能要有上百位工作人员。呼叫中心就是处理企业所有的投诉和对客户服务的,需要运用很多高科技的手段,需要通过电脑来进行管理。

4. 服务代理

服务代理就是替别人做客户服务。

5. 声讯邮件及声讯响应系统及受话方付费电话——800

"800"即免费电话,也叫做受话方付费的电话。"800"、Call Center 和呼叫中心其实是一回事,只不过"800"规模最小,只是几条热线,而 Call Center 会是几百条线,通过一套很大的集成系统,对全球客户进行服务。

6. 视频电话服务

随着各种新型客服软件和客服系统的兴起,视频电话服务也开始受到重视。在客户支持工作中使用视频能对客服工作带来很多好处。

2. 专业化

因为客户服务产业日趋专业化,客户服务外包业务正在兴起。外包业务是指一个企业自己不做客户服务,而把客户服务工作包给专业公司来做。

 知识链接

康佳的客服外包

"康佳彩电"曾经把自己的客户服务工作包给了深圳一家很大的企业——瑞讯寻呼。瑞讯的话务人员是经过专业培训的,声音很好听。康佳这么多年卖了那么多电视,面对许多客户服务的问题,电话多得没有办法去承受,只得包给瑞讯,每年支付相应费用。怎么付钱?一条电话线一年几万元,连人带线一块儿租。作为瑞讯来讲,可能有100条电话线,有100人,将其中的10条线、10个人租给"康佳"。这10个人在接到电话的时候就说:"你好,我是康佳客户服务中心。"这就起到替康佳做客户服务工作的作用。

活动三　了解电商客服的岗位设置

了解客服人员的职级划分及岗位描述,是成为客服的首要工作。由于客服工作种类多样、工作形式不尽相同,因此无法细致地用同一标准规定所有客服人员的岗位要求。最常见的客服岗位划分是按照客户的订单状态不同,分为售前客服、售中客服和售后客服。

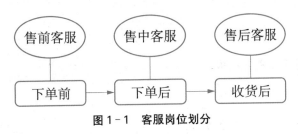

图1-1　客服岗位划分

1. 售前客服

岗位职责	1. 接待客户;与客户交流;回复客户咨询;回答客户疑问
	2. 了解客户需求;向客户推荐商品
	3. 活动协助;促成消费者购买
	4. 与其他岗位同事协同合作
	5. 完成上级领导安排的其他工作
岗位要求	1. 基本要求:对电脑有基本的认识,包括熟悉WINDOWS系统;会使用WORD和EXCEL;会发送电子邮件;会管理电子文件;熟悉上网搜索和找到需要的资料。录入方法至少应该熟练掌握一种输入法,能够盲打输入。反应灵敏,能同时和多人聊天,对客户有耐心
	2. 品格要求:诚信、耐心、同理心、细心、自控力
	3. 知识要求:商品知识、网站交易规则、物流及付款知识
	4. 技能要求:网店购物相关操作

2. 售中客服

岗位职责	1. 帮助客户修改订单
	2. 对未付款订单进行催单
	3. 活动协助；促成消费者购买
	4. 订单查询
	5. 发送通知
岗位要求	1. 基本要求：熟悉电脑操作、掌握办公软件的使用、打字速度一分钟45字以上、能够处理多人同时在线咨询
	2. 品格要求：诚信、耐心、同理心、细心、自控力
	3. 知识要求：未付款订单催付技巧
	4. 技能要求：网店订单相关操作

3. 售后客服

岗位职责	1. 商品售后问题接待和回复
	2. 商品退换货处理
	3. 客户评价处理
	4. 与其他岗位同事协同合作
	5. 完成上级领导安排的其他工作
岗位要求	1. 基本要求：对客户有耐心
	2. 品格要求：诚信、耐心、同理心、细心、自控力
	3. 知识要求：商品知识、网店平台规则、售后问题答疑
	4. 技能要求：网店订单相关操作、客户评价处理操作、商品退换货操作

 任务训练

登录招聘网站，通过职位搜索，了解更多的电商客服岗位，并收集这些岗位的描述。

任务评价

- **自我评价**

主要内容		自我评价等级(在符合的情况下面打"√")			
		全都做到了	大部分(80%)做到了	基本(60%)做到了	没做到
了解电商客服的含义					
理解电商客服的发展趋势					
掌握电商客服的岗位知识					
自我总结	我的优势				
	我的不足				
	我的努力目标				
	我的具体措施				

- **小组评价**

主要内容	小组评价等级(在符合的情况下面打"√")			
	全都做到了	大部分(80%)做到了	基本(60%)做到了	没做到
了解电商客服的含义				
理解电商客服的发展趋势				
掌握电商客服的岗位知识				
建议				

组长签名： 年 月 日

- **教师评价**

主要内容	教师评价等级(在符合的情况下面打"√")			
	优秀	良好	合格	不合格
了解电商客服的含义				
理解电商客服的发展趋势				

续表

主要内容	教师评价等级(在符合的情况下面打"√")			
	优秀	良好	合格	不合格
掌握电商客服的岗位知识				
评语				
			教师签名：	年 月 日

任务二　电商客服的基本工具

小丽在学习了电商客服的基本理论知识后,她又从互联网上了解到,想要成为一名电商客服还必须掌握一些服务工具的使用,她打算从书籍和网络上学习相关知识。于是,小丽给自己定下了第二个任务:了解电商客服工作使用的工具。以下是她给自己列出的任务清单:

任务清单	
任务目标	了解电商客服工作所使用的工具
任务分解	活动一　电话服务工具
	活动二　即时通信工具
	活动三　其他互联网服务工具
材料准备	网络、书籍
知识准备	电子商务行业知识
技能准备	交流软件操作、理论知识识记

活动一　电话服务工具

伴随着 800、400 电话的普及,电话呼入业务也为许多商家所接受。越来越多的企业采用专业的电话呼入系统,使得呼入电话服务在接听数量、服务时间及涵盖范围方面都有了很大的扩展。现在的电话服务工具也不再是早先的电话机拨号,而是集呼入、呼出、管理为一体的智能管理系统。企业通过系统即可实现便捷的电话服务。

当前市面上有很多电话服务系统,比较知名的有 Udesk、Avaya、Genesys、华为 eSpace 四大呼叫中心。

知识链接

1. Udesk 云呼叫中心

呼叫中心即电话客服,是绝大多数企业客户的刚需。基于国内目前客服行业的发展模式,Udesk 预估呼叫中心业务将在长久时间内占据客服市场较大比重。因此 Udesk 为各阶段企业提供了包含多级 IVR 语音、VIP 专线、三方通话等众多功能的云呼叫中心(Call Center),帮助企业提升服务能力。

2. Avaya 呼叫中心解决方案

Avaya 呼叫中心整体解决方案,作为全球及国内呼叫中心行业领先的解决方案,具有多方面的平台优势以及无与伦比的行业应用经验。Avaya 拥有着一个多世纪的历程,专注于为企业客户提供联络中心整体解决方案、产品和服务,帮助企业获得优异的商业回报。

3. Genesys 全媒体呼叫中心

Genesys 语音平台是一个将 Web 和 VoIP 电话网络技术结合起来的先进的纯软件解决方案,拥有了 Genesys,企业可以通过一个统一的平台实现外呼渠道。

4. 华为 eSpace 云联络中心解决方案

它是华为拥有全部自主知识产权的整套呼叫中心系统,使每一个坐席工作人员在提供不同业务咨询办理服务时,都可以获得标准统一的信息支撑,轻松应对一切询问。

活动二 即时通信工具

即时通信是指能够即时发送和接收互联网消息,即时通信工具是电商客服的主要服务工具。客服可以通过这些工具在线与客户进行交流,并达成营销目的。

常见的客服即时通信工具有阿里旺旺、微信、QQ、网页在线消息等一些专门的客服交流软件等。

知识链接

1. 阿里旺旺

阿里旺旺是阿里巴巴推出的针对淘宝平台的即时交流软件,分为买家版和卖家版。买卖双方可以通过阿里旺旺进行在线交流,卖家还可以通过阿里旺旺找客户,发布、管理商业信息,及时把握商机,随时洽谈生意,简洁方便。

2. 微信

微信是腾讯公司推出的一款通过即时交流服务的应用程序,企业通过微信与客户进行交流大多采用微信公众号的方式。

客户可以通过企业的微信公众号在线与客服交流,还可以查询活动信息、选购商品等。

例如,携程旅行网的微信公众号就为用户提供预订、查询、微服务三类服务功能。

图1-2　携程微信公众号的服务

客户可以在"预订"功能下预订酒店、机票、火车票、汽车票和景点门票,在"超低价"功能里面查询携程的各种低价信息,在"微服务"功能里面可以与在线客服进行交流。

3. QQ

QQ是腾讯公司开发的一款基于互联网的即时通信软件。QQ既可以作为个人交流的网络工具,也可以作为企业客服的一种工具。

图1-3　QQ客服

4. 专门的客服交流软件

在线客服软件是指用于网上在线客服或主要功能为网上客服的即时通信软件,多用于各种商业网站与企业网站。基于网页会话的在线客服系统的出现替代了传统的客服QQ在线、旺旺在线等的使用。在线客服软件作为一个专业的网页客服工具,是针对企业网站访客方便及时和企业进行即时沟通的一款通信软件。

图 1-4 在线客服

　　当前市面上有很多种在线客服软件,例如多客宝在线客服系统、黄金客服、CC 在线客服系统、53KF、live800、乐语、商务通、易客服等。相比较其他即时通信软件(如 QQ、旺旺等),在线客服软件实现和网站的无缝结合,为网站提供和访客视频、语音对话的平台,网站访客无需安装任何插件,即可进行对话。在线客服软件共有的一个特点是:网站的所有者想要使用在线客服软件,必须先向在线客服系统申请一个账户,然后生成网页标签,就是一段代码,然后把这段代码嵌入网站网页当中。用申请的账户登录在线客服软件,就可以开始用了。

活动三　其他互联网服务工具

　　除了以上所讲的电话服务工具和即时通信工具外,还有一些其他互联网服务工具。例如,电子邮件、网页信息、问题答疑等。

 知识链接

常见的三种互联网服务工具

　　1. 电子邮件

　　电子邮件是一种廉价、方便、信息容量大的服务工具。在电子邮件中,企业可以设置包括文字、图片、链接、声音等丰富的内容,以非常快速的方式发送到客户的电子邮箱中。电子邮件也是应用范围较广的交流方式,客户在收到邮件后,可以阅读信息,点击链接,方便进行购物消费。虽然电子邮件有价格低廉、便捷、快速、信息含量大等优点,但它也有一些缺点,比如说可能会被客户当成垃圾邮件、客户打开率低等问题。

　　2. 网页信息

　　也叫做网页通知信息,通过网页通知信息的方式把信息发送给客户。比如,客服在网站管理后台上看到客户在某商品页面上停留的时间比较长,就可以通过网页信息的方式询问客户是否需要购物帮助。这种信息比较快速、对客户行为的分析比较准确,但是也存在很多缺点,一旦客户离开当前页面,就有可能收不到客服发来的信息。

3. 问题答疑

很多网站会在页面上设置问题答疑板块，在联系不到客服的情况下，客户也可以在该板块自行搜索，查看是否有相似问题的答疑。如果没有，客户可以在线提交自己的问题，并留下联系方式，客服看到后会对客户进行回复。

使用所学到的几种服务工具进行交流，并且熟悉这些工具的基本操作。

- **自我评价**

主要内容	自我评价等级(在符合的情况下面打"√")			
	全都做到了	大部分(80%)做到了	基本(60%)做到了	没做到
熟悉电商客服工具的种类				
理解电商客服工具的作用				
了解电商客服工具的使用				
自我总结 我的优势				
我的不足				
我的努力目标				
我的具体措施				

- **小组评价**

主要内容	小组评价等级(在符合的情况下面打"√")			
	全都做到了	大部分(80%)做到了	基本(60%)做到了	没做到
熟悉电商客服工具的种类				
理解电商客服工具的作用				
了解电商客服工具的使用				
建议				

组长签名： 年 月 日

• **教师评价**

主要内容	教师评价等级(在符合的情况下面打"√")			
	优秀	良好	合格	不合格
熟悉电商客服工具的种类				
理解电商客服工具的作用				
了解电商客服工具的使用				
评语			教师签名：	年　月　日

任务三　电商客服的基本技能要求

 **任务描述**

　　小丽在任务一电商客服岗位认知的学习中了解到,电商客服不只是被动地回答客户咨询,他们还需要主动了解客户、分析客户,这样才能及时了解客户需求,为客户提供更满意的服务,同时,作为一名优秀的客服还要学会自我调节。于是,小丽给自己列出了第三个任务:了解电商客服的基本技能。以下是她给自己列出的任务清单:

任务清单	
任务目标	了解电商客服的基本技能
任务分解	活动一　电脑操作技能
	活动二　软件操作技能
材料准备	电脑、软件
知识准备	电脑、软件知识
技能准备	理论知识识记

 **任务开始**

活动一　**电脑操作技能**

　　作为一名电商客服,首先就是要掌握基本的电脑操作知识。电商客服的大部分工作都需要在电脑上完成,所以电脑操作是电商客服的基本技能要求。

1. 电脑基础操作要求

① 开关机：掌握电脑开关机的操作。会正确的开关机、休眠操作方法。

② 电脑与其他设备相连接：会正确操作电脑与投影设备、移动储存设备、音响设备的连接。

③ 管理桌面图标：会删除、移动、新建桌面的图标。

④ 键盘操作：熟记键盘各个键的位置和功能，能够实现盲打。

⑤ 电脑结构认知：能知道电脑的组成。电脑由软件、硬件、外部设备三项组成。硬件是指电脑的主板、CPU、内存条、硬盘、板卡、光驱、软驱、显示器等设备；软件是指操作系统、应用程序；外部设备是指键盘、鼠标等。

2. 电脑操作系统要求

了解操作系统。主流的电脑操作系统有四种：Windows 系列操作系统、Unix 类操作系统、Linux 类操作系统、Mac 操作系统。其中 Windows 是我们最常见的操作系统。

对于电脑操作系统，作为一名电商客服需要掌握操作系统的功能和基本设置，例如设置网络连接、调节桌面显示、设置电脑时间、修改用户名和密码、小程序使用等。这些操作是电商行业工作者的基本要求。

常用的办公软件

在客服工作中，主要的办公软件有 Word、Excel、PowerPoint。

1. Word 主要用于文字的编辑和整理。例如工作报告、文案编辑等。比如，客服在工作中，经常需要编辑和记录自己的工作信息，对于文字信息的编辑，Word 就是最佳的选择。

2. Excel 主要用于数据的整理和计算。Excel 具有强大的计算能力，其操作也比较简单。客服人员在遇到一些数据表格制作、数据整理、统计计算，就可以选择 Excel。

3. PowerPoint 主要用于报告讲解、产品展示、广告宣传等，可以通过编辑丰富的图文资料，向他人展示，制作的演示文稿可以通过计算机屏幕或投影机播放。

活动二 软件操作技能

作为网店客服，在工作中，需要经常使用一些应用软件。掌握这些软件的基本操作也是客服必备的基本技能之一。

客服工作常见的软件有以下几种：

1. 网店管理软件

消费者通过前台进行购物，客服则是通过管理后台对网店进行管理。网店管理后台主要的功能有：

① 订单管理。订单管理功能可以实现订单查看、订单发货、订单退货、订单退款等操作。

② 客户管理。客户管理功能可以实现客户信息查看、客户分组、客户营销等功能。

③ 营销实施。营销实施功能可以实现活动创建、活动评估等功能。

④ 商品管理。商品管理功能可以实现商品上下架、商品信息编辑、商品导入导出等功能。

常见的网店管理软件

常见的网店管理软件有 ERP、CRM、KPI。ERP 是指企业资源规划系统,是基于企业营销流程的一种管理系统,集计划、采购、生产、推广、销售为一体的管理软件。CRM 是指客户关系管理软件,CRM 系统主要强调客户的重要性,通过对销售数据进行分析统计,针对客户进行营销管理。KPI 是指客服绩效管理软件,每个客服人员都会面临工作上的考核,KPI 系统就是一种科学的客服管理考核系统。

2. 聊天软件

聊天软件是客服与客户沟通的工具。这些软件除了文字信息发送外,还有很多其他辅助功能,客服掌握这些功能的使用,不仅可以提升服务的质量,还可以提升工作效率。

常见的聊天软件功能有以下两种:

① 信息发送。信息发送可以是文字信息,也可以是图片、声音、视频信息,在服务中恰当使用这些信息的组合,可以让客户感受到客服的热情和幽默,例如聊天表情图像的使用,可以让客服的语言和语气更加生动。

② 辅助工具。聊天软件中,一般都有很多小工具可供使用,例如截图工具、计算器、录音工具、画图工具等。聊天软件还可以设置一些快捷功能,例如快捷键、自动回复、快捷短语等。

打开客服聊天软件,熟悉软件的基本操作。

任务评价

● 自我评价

主要内容	自我评价等级(在符合的情况下面打"√")			
	全都做到了	大部分(80%)做到了	基本(60%)做到了	没做到
熟悉电脑的基本操作				
理解客服技能的重要性				
了解电脑软件的操作				

主要内容		自我评价等级（在符合的情况下面打"√"）			
		全都做到了	大部分(80%)做到了	基本(60%)做到了	没做到
自我总结	我的优势				
	我的不足				
	我的努力目标				
	我的具体措施				

● **小组评价**

主要内容	小组评价等级（在符合的情况下面打"√"）			
	全都做到了	大部分(80%)做到了	基本(60%)做到了	没做到
熟悉电脑的基本操作				
理解客服技能的重要性				
了解电脑软件的操作				
建议				

组长签名：　　　年　月　日

● **教师评价**

主要内容	教师评价等级（在符合的情况下面打"√"）			
	优秀	良好	合格	不合格
熟悉电脑的基本操作				
理解客服技能的重要性				
了解电脑软件的操作				
评语				

教师签名：　　　年　月　日

任务四　电商客服的基本知识要求

 了解产品知识

客服要回答客户的咨询问题,首先自己要熟悉产品的相关知识,这样,一旦被客户问起才能够正确应答。如果连客服自己都对店铺的产品不了解,那么客户就会怀疑客服的专业性和店铺的资质了。

🔗 知识链接

常见的产品知识

1. 材质

例如服饰类产品常见的材质有棉、麻、毛呢、混纺、化纤等;金属类产品常见的材质有铁、银、金、铜、合金等;皮具类产品常见的材质有牛皮、羊皮、猪皮、鱼皮等。

2. 参数

一般电子类产品的参数信息比较多,例如内存大小、操作系统、电池盒容量、CPU频率、运行速度等,这些都是产品的参数。产品的型号是指产品表面用来识别同类产品或同一品牌不同产品的编号。

3. 尺码

一般服饰类产品的尺码比较多,有中国码、美国码、欧洲码、日本码等不同的测量标准。以服装类商品的尺码为例:

① 国际码是在服装市场较为常见的一种衣服尺码划分标准,按照衣服的大小分为 XS(extra small)、S(small)、M(medium)、L(large)、XL(extra large),依次代表加小号、小号、中号、大号和加大号,客服根据顾客的身高、体重以及三围的大小,并结合顾客日常穿着习惯为顾客进行推荐和建议。

② 中国码的表示方法多是用型号加以区分,表示的方法是"(号)/型、(体型代号)",其中:"号"表示身高,"型"表示净体胸围或净体腰围,"体型代号"表示体型特征,用 Y、A、B、C 来表示,Y 表示偏瘦体型,A 表示一般体型,B 表示微胖体型,C 表示胖体型。例如:170/88A、175/96B 等。

③ 北美码通常用 0 到 11 的数字进行表示,数字对应着相应的身高,1 号代表身高 150 cm 穿着尺码,2 号代表 155 cm 穿着尺码,每个型号之间相差 5 cm,其中还会使用字母来表示胸围和腰围的差值,以 Y、A、B、C、E 表示,"Y"表示胸围与腰围相差 16 cm,"YA"表示相差 14 cm,"A"表明相差 12 cm,"AB"表明相差 10 cm,"B"表明相差 8 cm,"BE"表明相差 4 cm,"E"表明相差无几。例如标有"A4"的衣服适合身高 165 cm、胸围与腰围相差 12 cm 的人穿。

④ 欧洲码分为男码和女码,也分上装和下装。女士上装用 34～44 的双数,男士上装用 44～56 的双数来表示,数字越大尺码越大。裤装则用英寸来表示。

客服除了要掌握尺码知识外,还需要掌握尺寸测量的正确方法,不同的服装有不同的测量方式,根据测量数据对应相应的尺码,这样才能更好地为客户推荐商品。

4. 搭配

每种商品与之搭配的其他商品。比如客户买了一部手机,与这款手机搭配的充电器型号、耳机型号等,客服也需要这些产品的信息。

5. 保养、保修

产品在使用过程中的保养、保修知识。例如服饰类产品的保修时间和条件、数码产品的保修时间和条件,这需要客服提前学习掌握。

产品知识的重点

产品知识的重点是自家产品与同类产品的差异性。尤其是要学会突出自家产品的优势和特点。一般而言,根据行业的不同,企业的产品分为三种类型:耐用品(如电脑)、快速消费品(如可乐)和服务型产品(如壹串通品牌策划公司服务)。不同类型的产品,消费者所关注的重点会有所不同。所以,对产品知识的重点进行突出可以从以下三个方面进行:

1. 耐用品的主要功能支持

新技术:领先的技术,独特的功能。

耐久性:耐用,稳定。

使用表现:简单、方便,带给消费者独特的使用体验。

服务:要有完善的售后服务。

社会地位:产品在行业中的领先地位。

2. 快消品的主要功能支持

产品流行:建立广受喜爱的产品形象,因为消费者就喜欢流行的、时尚的产品。

特性:产品与众不同的特点。

信赖度:品质、服务备受信赖。

适用性:适合大部分人使用。

美感:产品的包装、外观设计具有美感,给人感官享受。

3. 服务业的主要功能支持

服务业的产品通常是无形的,来自提供服务的团队的行动,因此更强调"人"的因素。

信赖:企业的形象、实力、团队值得信赖。

责任:对顾客、对员工、对社会的高度责任心。

保证:对硬件和软件严格规范,保证服务。

认同:使消费者认同的价值观。

明确承诺:给予顾客明确的承诺,打消他们的顾虑。

企业的产品可能具有 100 种价值或优点,但这些价值和优点并不全是卖点,其中一部分可能很多同行都有,一部分是消费者不关心的,而且要达到有效的沟通效果,企业也不可能把太多的信息传达给消费者。因此,卖点需要突出重点,只有消费者关心,并且是企业所独有或显著优于竞争者的价值和优点才能成为产品的卖点。换言之,产品卖点应与竞争者形成差异,同时还要足以吸引消费者。

活动二　了解客户相关知识

客服每天会遇到各种各样的客户,相同消费者对不同商品的消费心理不同,不同消费者对相同商品的消费心理也不同。小丽想要成为一名电商客服,就要学会对客户的消费心理进行分析。

据调查,女性消费者占网购消费群体的五分之四,女性消费者通常承担了女性、儿童、家庭所需消费的大部分,甚至很多男性的消费品的购买与否也取决于女性。

而在这些女性消费者中又以青年和中年女性居多。所以在本活动中,小丽打算通过书籍和互联网,来学习这两类客户的消费心理分析。

1. 年轻女性客户消费心理分析

年轻女性客户在选购商品时有以下心理特征:

① 追求时髦。年轻女性在选购商品时,比较在意商品与时尚潮流的关系,喜欢与当下时髦相接轨的商品,如果某件商品比较过时,她们则很少去选购。针对此种心理特征,客服在销售接待时,如果对方是年轻女性,那么可以从市场潮流入手,引起客户的购买兴趣。

例如,客服小小在某天接待了一名想要买连衣裙的女大学生,该客户表明想在暑假和朋友度假时穿,客服小小在进行商品推荐时这样向客户介绍:"亲,这款连衣裙是今年大热的粉色系,它的设计上采用了今年时装周最热的背后大 V 领剪裁,非常适合休闲度假。"

案例分析:客服小小在商品推荐时,抓住了客户的这几项特点"女大学生""朋友度假",分析出客户的购买心理,在推荐时,着重强调"时尚潮流",引起客户的购买兴趣。

② 外形美观。年轻女性大都非常在乎外在的美观,选购商品时首先注意到的即是商品的外观,外观漂亮的商品更能吸引她们的注意。客服在进行商品介绍时,就可以把外观比较好看的商品放在前面介绍。

例如,客服小小某天接待了一名中学生客户,该客户想买一个饭卡的卡套,客服小小首先向客户推荐了几种外观有卡通图案、水钻装饰的卡套,客户看到这几款漂亮的卡套时,马上就说要多买几件,自己用还可以送给同学。

案例分析:客服小小在商品推荐时,抓住了客户的这几个特征"中学生""饭卡",通过对客户特点的分析,客服小小给客户推荐了外观比较卡通、装饰漂亮的商品,马上引起了客户的购买兴趣。

③ 感性从众。女性消费者比起男性消费者来说更加感性,消费行为上也比较喜欢从众。尤其是年轻女性,当购买的商品涉及情感因素时,年轻女性消费者的消费行为就会受很大影响。

例如,客服小小某天接待了一名年轻女性客户,该客户选购商品时选出了两件同类商品,她很犹豫选择哪件比较好,于是她向客服小小咨询应该选择哪件商品,客服小小是这样给客户说的:"亲,第一件商品比较简单大方,适合工作等日常生活搭配,第二件商品设计上有些小亮点,适合工作、出游等场景,另外,第二件商品是本店的设计师特别设计的,包上的太阳形状寓意着我们每个人心中的梦想,这款包包也是我们店今年的热销款。"最后客户购买了第二件商品。

案例分析:客服在向客户进行商品介绍时,把商品的特点赋予了一定的感情色彩,并且说明商品购买的人数比较多,这就把握住了女性消费者感性和从众心理特点。

④ 强展示欲。年轻女性的展示欲非常强,喜欢向他人展示自己购买的商品,从而获取他人的赞美,满足自己的心理。客服在了解客户的购买需求后,可以抓住客户的这点心理,促成客户的购买。

例如,客服小小有天接待了一位年轻女性客户,这位客户想购买一双参加聚会穿的鞋子,她说自己有点胖,想在聚会显得状态更好一点,于是客服小小给她推荐了几款显瘦、适合聚会穿的鞋子。该客户收到商品后对商品的评价是这样的:"很漂亮,穿上显瘦,款式也很新颖,朋友都问我在哪买的。"

案例分析:客服小小在接待客户时抓住了客户的这几个特征"参加聚会""胖",于是分析出该客户的消费需求,给客户推荐了适合的商品。

2. 中年女性客户消费心理分析

中年女性客户在选购商品时有以下心理特征:

① 注重实用。中年女性的生活压力比年轻女性要大,她们在选购商品时,比较注重商品的实用性,喜欢选购对生活便利、实用的商品。在相同的价格下,她们会比较偏向于实用性而不是美观性。所以客服在向这类客户进行商品推荐时,可以从商品的实用性着手。

例如,客服小小有天接待了一位女性客户,她想买一个背包,在与客户交流后了解到客户买包是想方便带孩子出门时用。于是小小就给她推荐了几款容量大、功能多的女式背包,在进行商品介绍时,客服小小着重强调每款背包的实用功能。客户在查看了之后就马上下单付款了。

案例分析:客服小小在接待客户时抓住了客户的这几个特征"方便""带孩子",于是分析出该客户的消费需求,给客户介绍商品时通过强调商品的实用性吸引客户购买。

② 看重细节。中年女性消费者在进行购物时,会比较仔细地查看商品各项信息,也会花时间去比较不同店铺的商品。在网上,会有很多的店铺卖同样的商品,有时价格也相同,在这时,能够在这种情况下赢得客户就要靠一些细节。比如,客户服务、商品详情页设计、赠品等。

例如,李女士想在网上购买一个瑜伽垫,她查看了很多家店铺的同类商品的信息,最后选出了两个店铺相同型号、相同价格的一个瑜伽垫,她比较这两家店铺的商品时,发现虽然这两家商品一样,但是第一家店铺的商品详情页介绍上面有一个错别字,李女士感觉这家店铺有点不负责任,于是她选择了第二家店铺的商品。

案例分析:想要在同类商品中胜出,店铺必须注意细节,一个小细节的失误,就会失去很多客户。

③ 注重性价比。中年女性客户在选购商品时会比较在乎商品的性价比,所谓性价比就是商品的性能和商品的价格之间的比值。价格便宜但是性能差的商品、性能高但是价格很贵的商品都属于性价比低的商品,中年女性在选购时都会比较仔细地考虑。高性价比的商品最受她们的欢迎。

例如,李女士想在网上购买一瓶化妆水,她选出了两个商品。商品 A 价格 100 元,容量 50 mL,功能:补水保湿;商品 B 价格 360 元,容量 100 mL,功能:美白、补水保湿、祛斑。结果比较,商品B虽然价格贵,但是其性价比较高,于是李女士选择了商品B。

案例分析:对于中年女性来说,她们大都消费时比较理性,她们会比较商品各方面的信息,选择性价比较高的商品。

男性消费者的消费心理分析

男性消费者心理及姿态特点:男性消费者相对于女性来说,购买商品的范围较窄,一般多购买"硬性商品",考究理性,较强调阳刚气质。其特点主要体现为:

1. 考究商品质量、实用性。男性消费者购买商品多为理性购买,不易受商品外观、外围及他人的连累。考究商品的使用效果及普及质量,不太关注细枝末节。

2. 男性消费者心理购买商品目的明确、快速果断。男性的逻辑思维能力强,并喜欢通过杂志等媒体完备收集有关产品的情报,决策快速。

3. 男性的自尊好胜心,购物不太考究价格问题。由于男性本身所具有的碰击性和成果欲较强,所以男性购物时垂青选购高等派头的产品,而且不愿讨价还价,忌讳外人说本人气量小或所购产品"不上档次"。在琢磨性别变数时,有两点需注意:第一,是商品的"性别属性"即商品本身的性别区别。譬如说,口红当然是针对女性市场,领带当然是针对男性市场。商品的性别区别无可禁忌地连累行销策略,尽管你可以想办法鼓吹男人买口红送给女好友,或帮助女人买领带送给男好友,但这只能作为一种拓展市场的权宜之计,口红和领带的首要行销策略仍须专程针对使用者的性别而定出。

活动三　了解交易相关知识

1. 交易操作知识

想要教别人,前提就是自己也要会。客服在服务中,可能会遇到某些不会网络购物的客户,这时就需要客服必须掌握客户交易操作的相关知识,这样才能更好地指导客户。交易操作包括以下几点:

① 商品选择操作。客户在购物时,有些客户不会搜索商品,或者不会选择商品属性,客服需要指导客户进行商品搜索和选择。商品搜索的方式有关键字搜索、类目搜索和收藏夹搜索,在搜索到目标商品后,在商品属性栏中通过点击选择商品属性。

② 订单支付操作。客户在支付时出现问题,客服需要掌握支付流程、支付操作、银行业务说明等知识。

③ 订单确认操作。在客户收到商品后,及时和客户联系,指导客户完成订单确认操作,及时收回商品货款。

2. 交易规则知识

不同交易平台都有不同的交易规则,交易规则是对买卖双方行为的一种规范。客服掌握一定的交易规则,避免在工作中出现违规行为,也能对违规客户进行制约,减少纠纷。

在正式成为电商客服之前,小丽打算通过淘宝交易规则来学习一般网络交易中的规则设置。淘宝网建立了一套系统的交易规则,小丽打开 rule. taobao. com 页面,在上面浏览交易规则信息。

图 1-5　淘宝规则

淘宝平台四类交易规则

1. 基础规则。规定了商品管理、特殊商品交易、评价、抽检、争议处理等方面的具体实施办法,约束买卖双方的交易行为。

2. 行业市场。规定了旅游、公益、户外用品、电子数码、教育培训多个行业的销售标准,重在约束卖家的行为。

3. 营销活动。规定了聚划算、淘金币、秒杀抢购、价格制定等店铺营销活动的标准,避免杜绝虚假信息。

4. 消费者保障。规定了消费者权益的内容,以及消费者维权的方式。

活动四　了解自我调节相关知识

1. 压力调整

现代生活中,由于生活、工作节奏较快,很多人都会遭遇不同程度的压力。压力是一种正常的心理反应,是人对外界事物、内在精神刺激的一种生理和心理反应。一般强度的压力会有利于刺激人不断进取,但是一旦压力超过一定界限,就会对人的心理和生理造成不良的影响。

客服工作人员在工作中需要面对不同情绪、不同性格的客户,还需要处理与客户纠纷问题,所以面临着较大的压力。

知识链接

客服压力

压力是我们对内在、外在事件的心理反应和生理反应,任何对人们的心理、生理健康的干扰都属于压力。常见的客服压力有以下几种:

1. 客户纠纷压力:客服在工作过程中,有时会遇到一些不讲理、说话过分的客户,受到客户的辱骂或者误解,有些客服就会因为承受不住而产生巨大的心理压力,从而对工作产生畏惧,不想再从事客服行业等。

2. 学习上升压力:客服在岗位中,经常会接到各种公司的培训学习任务,客服需要一边工作,一边完成各种学习任务;很多客服会给自己列出一项职业规划,为了实现岗位升级,客服需要不断提升自己的业务技能和专业知识,学习的压力也会增加。

3. 生活情感压力:客服人员也会面临各种来自生活和个人情感的问题,比如家庭生活、工资收入、子女教育等问题,这些问题也会给客服人员造成一定的心理压力。

压力如果不及时调整,就会给客服人员的心理健康和生理健康造成不良的影响,例如情绪失控、心理障碍、人际矛盾、抑郁症、心脏病等。合理调节工作压力不仅有利于客服人员的身心健康,还可以帮助客服提高工作效率。

客服人员可以通过以下几点途径来调整压力:

1. 企业开展客服人员心理咨询与心理教育。例如举办心理健康讲座,为客服人员提供专门的心理咨询,设立员工关爱组织等。

2. 消除不良生活习惯、心理与行为习惯。例如规律作息、规律饮食、培养积极乐观的心态。

3. 合理减压放松。例如参加户外活动、看电影、听音乐、与朋友聚会等,进行放松。

2. 情绪控制

情绪的自我掌控和调节能力是指什么呢? 比如:每天接待 100 个客户,可能第一个客户就把你臭骂了一顿,因此心情变得很不好,情绪很低落。但是你也不能回家,后边 99 个客户依然在等着你。这时候你会不会把第一个客户带给你的不愉快转移给下一个客户呢? 这就需要掌控情绪,调整自己的情绪。因为对于客户,你永远是他的第一个客服。特别是一些客户服务电话中心的在线服务人员,专门接电话的,一天要受理多个投诉咨询。你需要对每一个都保持同样的热情度,做到这点容易吗? 只要中间有一个环节出了差错,跟客户有了不愉快的口角,你就很难用一种特别好的心态去面对下面所有的客户。因此,优秀的客户服务人员的心理素质非常重要。

控制自己的情绪可以通过以下几个途径进行:

① 注意转移,避免刺激。例如,当自己苦闷、烦恼时,不要再去想引起苦闷的事,尽量避免烦恼的刺激,有意识地把消极情绪转移到积极情绪上,淡化乃至忘却烦闷。

② 理智控制,自我降温。在发生情绪失控时,及时意识到自己情绪的变化,当怒起心头时,马上意识到不对,能迅速冷静下来,主动控制自己的情绪,用理智减轻自己的怒气,使情绪保持稳定。

③ 宽宏大度,克己让人。胸襟开阔,奋发进取,具有团队协作精神,而不是满腹幽怨,斤斤

计较。

④ 目标升华法。培养远大的生活目标,改变以眼前区区小事计较得失的习惯,更多地从大局、从长远去考虑一切,一个人只有确立了远大的人生理想,才能待人以宽容,有较大度量,不会容忍自己的精力被微不足道的小事绊住,而妨碍对理想事业的追求。

⑤ 评价推迟法。当你"怒不可遏",推迟对这件事或这个人的评价,可是如果过一个小时、一个星期甚至一个月之后再评论,你或许认为当时对之发怒"不值得"。

⑥ 合理发泄情绪。合理发泄情绪是指在适当的场合,用适当的方式,来排解心中的不良情绪,发泄可以防止不良情绪对人体的危害。例如参加运动、找人倾诉、哭泣、呐喊等。

针对某种类型的客户设计一份营销方案。

- 自我评价

主要内容	自我评价等级(在符合的情况下面打"√")			
	全都做到了	大部分(80%)做到了	基本(60%)做到了	没做到
熟悉几种不同的客户分类				
理解不同客户消费心理				
了解自我调节的方法				
自我总结 我的优势				
我的不足				
我的努力目标				
我的具体措施				

- 小组评价

主要内容	小组评价等级(在符合的情况下面打"√")			
	全都做到了	大部分(80%)做到了	基本(60%)做到了	没做到
熟悉几种不同的客户分类				
理解不同客户消费心理				

续表

主要内容	小组评价等级(在符合的情况下面打"√")			
	全都做到了	大部分(80%)做到了	基本(60%)做到了	没做到
了解自我调节的方法				
建议				
				组长签名：　　　　年　月　日

- **教师评价**

主要内容	教师评价等级(在符合的情况下面打"√")			
	优秀	良好	合格	不合格
熟悉几种不同的客户分类				
理解不同客户消费心理				
了解自我调节的方法				
评语				
				教师签名：　　　　年　月　日

项目练习

一、单项选择

1. 客服可以(　　　)。
   - A. 提高客户满意度
   - B. 提高产品质量
   - C. 降低生产成本
   - D. 提高商品利润

2. 与传统的客服人员的工作相比,电商客服最大的特点是(　　　)。
   - A. 需要面对面与客户沟通
   - B. 工资高
   - C. 可以使用电话、电脑远程服务
   - D. 服务要求高

3. 电商客服可以分为售前客服和(　　　)。
   - A. 售后客服
   - B. 电话客服
   - C. 技术客服
   - D. 美工客服

4. 下面哪项是产品内在属性?(　　　)
   - A. 目标消费群
   - B. 品牌定位
   - C. 配件
   - D. 大小

5. 下面哪项是产品外在属性?（　　）

    A. 规格 　　　　　　　　　　　B. 性能

    C. 材质 　　　　　　　　　　　D. 目标消费群

二、案例思考

4G 时代,随着社交媒体的日益壮大,电商的客户服务正面临着越来越大的挑战。从目前来看,随着电子渠道的完善,各种新型交流方式的出现,例如微信、微博等,客户对人工服务的需求已经慢慢减少,因为客服中心人工服务不再是唯一的选择。

随着移动互联网的高速发展,在这种大环境的变化下,客服人员将会面临怎样的机遇和挑战?

项目目标

● **知识目标**

1. 了解售前客服的工作内容；
2. 学习售前客服的工作技能；
3. 了解客服的常用规范用语。

● **技能目标**

1. 能够掌握售前客服基本技能；
2. 能够使用客服规范用语。

● **情感目标**

1. 具备客服人员的销售导购意识；
2. 培养举一反三的学习能力。

项目流程

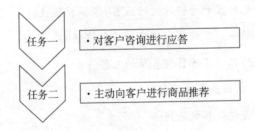

任务一 ·对客户咨询进行应答

任务二 ·主动向客户进行商品推荐

项目导读

本项目中，我们将学习售前客服的岗位内容，售前客服是指客户在订单付款前为客户提供服务的岗位。售前客服的工作内容包括：招呼客户进店、了解客户需求、商品推荐、疑问解答等。

项目实施

◇ **案例链接**

联邦快递的客户服务

总部位于美国田纳西州孟菲斯市的联邦快递公司成立于 1973 年，在此之前，还没有一家公司对包裹、货物和重要文件提供门对门翌日送达服务。经过三十多年的发展，联邦快递的业务现在遍及世界 211 个国家，这些国家的国内生产总值占全球国内生产总值的 90％。2001

年,联邦快递总收入达到 196 亿美元。联邦快递的创始者佛莱德·史密斯有一句名言,"想称霸市场,首先要让客户的心跟着你走,然后让客户的腰包跟着你走。"由于竞争者很容易采用降价策略参与竞争,联邦快递认为提高服务水平才是长久维持客户关系的关键。长期以来,联邦快递以其可靠的服务,在客户中赢得了良好的声誉。世界因为它的存在,变得更小、更舒适。

联邦快递的成功源于其客户第一的服务理念,可见客户服务对企业经营的重要程度。

客服人员是与客户接触的第一人,尤其是售前客服。售前客服接待客户最多的内容就是回复客户的各种咨询。接下来,我们一起通过小丽的实习过程,来学习售前客服的工作。

任务一　对客户咨询进行应答

小丽经过投简历、笔试、面试等一系列环节后,终于成功应聘进一家知名的电商企业。作为职场新人,小丽接到的第一项工作就是完成实习培训。公司规定,每个新员工都需要进行为期 6 个月的轮岗培训。小丽的第一个轮岗培训就是售前客服岗位,以下是领导发给小丽的一项任务清单,小丽需要根据任务清单完成培训学习。

任务清单	
任务目标	学会对客户的咨询进行应答,掌握应答技巧
任务分解	活动一　掌握售前客服的应答技巧
	活动二　了解售前客服的应答场景
材料准备	电脑;线上交流软件
知识准备	客服礼仪和规范用语
技能准备	打字速度

活动一　掌握不同人数咨询的应答技巧

在店铺举办活动时,客户咨询的人数会突然增加很多;在一天中的不同时间段客服接待的客户数也不相同,例如有时很少有客户咨询,有时又有很多客户同时进行咨询。每个客服的打字速度和解答能力是有限的,针对不同人数的咨询场景,客服需要掌握不同的应答技巧。

1. 咨询人数较少时的应答技巧

当同时在线咨询的客户数量较少时,客服的打字速度和应对速度可以应对的情况下,客服

有充足的时间对客户做出回应。在这种情况下,客服的应答技巧有:

① 快速应答,满足客户需求。在咨询人数较少时,客户可以为每位客户尽可能周到的服务。详细回复每位客户的问题。

② 在应答的同时,给客户推荐相关商品。在咨询人数较少时,客服回复完客户的咨询问题,还可以给客户推送店铺相关的商品,促进店铺销售。

2. 咨询人数较多时的应答技巧

当同时咨询人数较多时,客服人员已没有足够的时间一一进行回复和主动营销,但是如果让客户在线等待太长时间而没有回复的话,会影响客户的购买行为,有些客户在咨询无人应答后就会选择不在这间店铺购买。所以,此时要求客服人员做到快速应答,以留住客户。

但是,由于客服打字速度限制、客户问题多样等情况的存在,客服做不到对每一位客户的咨询问题进行具体回复。所以,就需要通过提前设置"自动回复"和"快捷短语",来及时应答客户咨询,这样可以在更短的时间内为更多客户提供咨询服务。

(1) 设置"自动回复"

小丽通过公司举办的客服培训课程了解到,客服人员可以通过设置自动回复来提高自己的工作效率,小丽在自己的实习工作中也设置过这样几个自动回复,只要有客户进行咨询,自动回复功能就能在第一时间对客户问题进行应答。以下是小丽设置的几条快速回复:

"欢迎光临本店,客服小丽正在赶来途中,您也可以通过店铺首页购物导航进行购物。"

"欢迎光临本店,客服小丽为您服务,请问有什么可以帮到您的吗?"

案例分析:在这个场景中,只要客户发送消息,客服就对客户咨询进行了回复,客服打字速度不可能这么快,这就是使用了"自动回复"。通过事先在客服软件中设置好回复语句,在客户发来消息时,系统自动对客户进行回复,设置自动回复可以向客户介绍一部分店铺消息,为客服应答争取一定的时间,减少因无人应答而造成的客户流失。

下面,我们来学习一下,在旺旺聊天软件中添加一个欢迎句式的快捷用语。

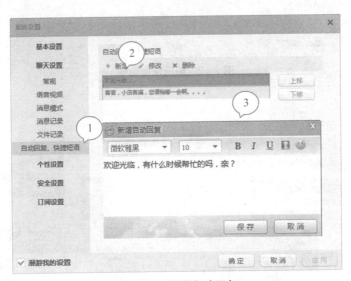

图 2 - 1　设置自动回复

① 打开"系统设置"面板,找到系统设置下的"聊天设置",选择"自动回复"。

② 点击"新增"。

③ 输入回复内容后,点击保存。

（2）设置快捷短语

小丽是一家网上服饰店铺的售前客服,周末是客服咨询的高峰期,小丽经常需要应对10位以上客户的同时咨询,下面是她的一个服务场景。

客户（16:33:21）:"这个连衣裙是现货吗,能马上发货吗?"

小丽（16:33:24）:"您好,您所浏览的所有上架产品都有现货。您拍下付款后,我们会尽快为您安排发货。感谢您的光临!"

分析:在这段对话里,让我们着重看一下时间。当客户在16:33:21进行产品的库存询问时,客服人员在3秒内进行了大约40余字的快速作答,这几乎是普通客服不可能达到的速度。这就是通过提前设置了"快捷短语",客服事先在系统设置中设置好常见问题的回复语句,在客户进行咨询时,针对客户问题,快速对客户进行回复。

下面,我们来学习一下,在旺旺聊天软件中添加一个欢迎句式的快捷用语。

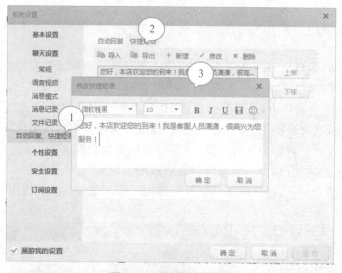

图2-2　编辑快捷短语

图2-3　快速应答

① 打开"系统设置"面板,找到系统设置下的"聊天设置"。

② 点击"聊天设置"下的"快捷短语",选择"新增"。

③ 输入预设的快捷短语"您好,本店欢迎您的到来！我是客服人员潇潇,很高兴为您服务！",点击"确定",完成设置。

这样,就完成了快捷短语的设置。

④ 当有新客户进店咨询时,我们可以使用新增的快捷用语进行快速回答。

客服人员可以根据常见顾客提问,进行多种快捷短语的预设。

 知识链接

常见的快捷用语句式

快捷用语类别	快捷用语句式
迎来/送走的快捷回复语	"您好！我是客服工号＊＊＊＊,很高兴为您服务！请问有什么需要?" "您好！本店欢迎您的光临,我是客服工号＊＊＊＊,请问有什么需要帮助的吗?" "此次服务为工号＊＊＊＊客服为您服务。为了更好地改善我们的服务,聊天数据将被记录。如给您造成困扰,请见谅。" "本店致力于为您创造最佳的购物体验,欢迎您下次光临！" "亲,如果还有其他问题欢迎您联系我们,联系方式如下: 1. 旺旺在线客服 2. 天猫官方旗舰店客服热线:400＊＊＊＊＊＊ 3. 全国客户热线:800＊＊＊＊＊＊ 感谢您对我们的支持,期待您的再次光临！"
商品的快捷回复语	"这款妆前乳是乳液、防晒、隔离、保湿多效合一,清爽不黏腻,使用前需要摇匀。" "这款连衣裙的尺寸有 S、M、L、XL,现在各尺码库存充足,您可以进入商品详情页面选择您需要的尺寸。"
评价的快捷回复语	"没有信用评级不代表我们没有诚信经营,相反,我们会更用心经营。因为我们线上店铺刚开业,总是要有个累积的过程,商品都是货真价实的,您可以放心购买。" "如您对产品满意,请您给予全 5 星评分及好评,不要不经沟通而给我们中差评。您的支持是我们进步的动力！感谢您的光临！"
物流的快捷回复语	"当天下午＊点前成功付款的订单将于当日发货,＊点之后的订单将于次日发货,周日仓库休息不发货。如给您带来不便还请谅解。" "本产品全国包邮统一发＊＊快递,如您选择其他快递,需要补加邮费＊元,谢谢！"

活动二　掌握不同场景的咨询应答技巧

1. 咨询信息类场景的应答技巧

在售前客服接待的客服咨询中,大部分都是咨询商品或店铺活动信息的客户。针对这部分客户,客服的应答需要掌握以下几点技巧:

① 及时回复。客户主动咨询,说明这个客户肯定是对店铺的商品或者活动感兴趣,而消费者的咨询如果没有得到回复,这种兴趣就会随着时间的流逝而不断降低。所以客服及时对客户的咨询给予回复,在客户兴趣最大的情况下引导客户购买,那么客户的购买可能性也会增加。

例如,小丽在售前岗位的实习中每天需要接待大量的客户,经过一段时间的工作后,小丽发现,那些推迟回复的客户,他们的购买率远低于那些及时回复的客户,推迟回复的时间越长,客户购买的可能性越小。

案例分析:小丽因为没有及时回复而损失了一部分客户,所以客服人员应该在尽可能的情况下对每位客户都进行及时的回复,以提高自身工作绩效。

② 信息准确。当有客户咨询商品或店铺其他信息时,客服必须准确无误地回答客户的咨询。如果客服回答错误,那么有可能会误导消费者的购买,或者给消费者造成一种客服人员不专业的印象,不管是什么都会给店铺的销售业绩造成不好的影响。

例如,小丽在工作中接待的客户很多都是咨询产品颜色、尺码、库存、物流等信息,有一天小丽接待了一位客户,这位客户向小丽咨询一款鞋子是否有现货,小丽回复客户有现货,结果客户拍下之后,库存人员又通知小丽该款商品没货了,小丽只能和客户沟通退款,客户对店铺的这种行为十分不满,对小丽进行了投诉。

案例分析:小丽在回复客户咨询时,并没有和库存人员进行核实,给了客户错误的信息,造成了客户的不满。提供准确的信息是客户咨询一大准则,错误的信息不但会引起客户的不满,还会影响店铺的口碑。

2. 质疑资质类场景的应答技巧

网络购物和实体店购物不同,客户并不能亲自看到、摸到商品,所以很多客户在网络购物时都有很多疑虑。在售前客服接待的客户中,有些客户会向客服质疑店铺的资质和商品的质量。针对这种咨询,客服应答需要掌握以下几点技巧:

① 说明资质。向客户说明店铺或商品的资质,例如经营许可条件、备案号码、质检证书、用户评价等,通过向客户呈现这些证据,消除客户的疑虑。

② 强调保障。向客户说明店铺提供的保障,例如限期质保、7 天无理由退货、破损包换、开具发票等,消除客户的购买疑虑。

③ 转移话题。在向客户说明店铺的资质或保障后,可以通过向客户介绍优惠活动或者商品活动的方式转移注意力,不要让客户的注意力一直集中在对店铺或产品资质的质疑上面。

例如,2018 年 4 月的某一天小丽接待了一位从未在网络上买过东西的客户,客户看中了店铺里一件价格较高的鞋子,但是一直担心店铺品牌是不是真的,鞋子的皮质是不是真的等问题。小丽是这样来回复客户的质疑的:"亲,我们是＊＊品牌女鞋的天猫旗舰店,线上线下产品同步,开具正规发票,并且所有商品支持专柜验货,您在天猫旗舰店购买还可以享受新客100元优惠券一张,请您放心购买。"

案例分析:在以上案例中,小丽通过向客户介绍天猫旗舰店和线下店铺的关系,并且通过发票和专柜验货来打消客户的疑虑,最后还向客户介绍店铺的优惠活动,转移客户的注意力,吸引客户购买。

 知识链接

客服技巧——如何应对顾客讨价还价

议价是目前网络销售中最为普遍存在的一个现象。客户讨价还价,一般有两种情况:找心理平衡。对于找心理平衡的,一般是怕我们给别人优惠,而没有给他优惠而产生的一种心理反抗;爱占小便宜。针对这两个问题解决方式有:

- 有一个统一的标准和原则——我们坚决不还价的,而且我们要和客户说,这个是原则,以此来取得客户的理解。
- 针对爱占小便宜的客户,我们一般从其他活动或者赠品的角度上来引导客户,价格是还不了了,但是您下订单后我们可以给你免邮费,或者送赠品,客户一定会接受的。

总结:善于引导客户,取得客户的认同,同时也让顾客在购买中获得一些意外的小惊喜,大家就可以皆大欢喜,各取所需了。

 任务训练

使用客服聊天工具,模拟客户与客服的咨询场景,与10名同学同时进行线上交流。

任务评价

- **自我评价**

主要内容		自我评价等级(在符合的情况下面打"√")			
		全都做到了	大部分(80%)做到了	基本(60%)做到了	没做到
熟悉客户咨询的应答流程					
理解客户咨询的应答技巧					
掌握客户咨询的应答方法					
自我总结	我的优势				
	我的不足				
	我的努力目标				
	我的具体措施				

● 小组评价

主要内容	小组评价等级(在符合的情况下面打"√")			
	全都做到了	大部分(80%)做到了	基本(60%)做到了	没做到
熟悉客户咨询的应答流程				
理解客户咨询的应答技巧				
掌握客户咨询的应答方法				
建议				
			组长签名：　　　年　月　日	

● 教师评价

主要内容	教师评价等级(在符合的情况下面打"√")			
	优秀	良好	合格	不合格
熟悉客户咨询的应答流程				
理解客户咨询的应答技巧				
掌握客户咨询的应答方法				
评语				
			教师签名：　　　年　月　日	

任务二　主动向客户进行商品推荐

 任务描述

　　小丽在完成任务一之后，已经熟练掌握了客户咨询应答的方法和技巧。但是，一个合格的客服不仅要被动地回应客户咨询，还要主动向客户进行商品推荐。小丽给自己列出了第二个任务：主动向客户进行商品推荐，以下是她给自己列出的任务清单：

任务清单	
任务目标	学会主动向客户推荐商品
任务分解	活动一　招呼客户进店
	活动二　了解客户需求
	活动三　进行商品推荐
材料准备	电脑;客服聊天软件
知识准备	客服沟通技巧
技能准备	打字速度;客服礼仪用语

活动一　推荐前的准备工作

1. 接待客户

消费者在实体店购物时,一走进店铺就会有导购人员说"欢迎光临",继而给消费者介绍相关的产品,如果不主动接待客户的话,就不能和客户建立联系,向客户推荐商品。线上店铺的商品推荐也与此相似,当有客户进入店铺时,客服可以通过网店管理后台看到客户进入店铺,这时如果客服能主动联系客户,接待客户,那么就会让客户减少自己随意乱找商品花费的时间。接待客户是向客户推荐商品的第一步。

在接待客户时客服需要做到以下几点:

① 文明礼貌。客服在接待客户时,服务用语需要做到文明礼貌,不能使用一些粗俗、不文明的词语,否则会让客户反感很快离开店铺。

例如,小丽所在的网店来了一个新同事,这个新同事在有次接待客户询问客户的购买意向时,客户说不买,结果该客服失去耐心,在服务时使用了"不买算了,快滚"这样的用语,惹怒了客户,客户打客服热线投诉了她。

案例分析:在以上案例中,客服在服务过程中遇到挫折,没有控制自己的情绪,对客户使用了不符合客服礼仪的用语,最后遭到客户的投诉。

② 热情大方。热情大方的话语,会让客户感受到客服的热情,从而留下较好的第一印象,提升商品推荐成功的可能性。

2. 了解客户的购物需求

有的客服在接待客户之后就盲目地给客户推荐不符合客户的商品,这样的行为会让客户反感,觉得客服是在强制推销。向客户推荐商品,不能盲目推销,有针对性的推销不仅能提升客户对服务的好感,还能增加客户购买的可能性。

了解客户需要,可以通过以下几种方式进行:

① 让客户先说,倾听客户需求。

在与客户沟通的前期,如果观察到客户有讲述的意愿,那就做一个倾听者,让客户说完,从客户的讲述中了解客户的需求。有的客服在接待客户之后不顾客户的讲述意愿,一股脑地向客户不断地推销店铺的商品,这样做反而会引起客户的反感,失去客户。

例如,某网店的电话客服接听客户打来咨询电话,接通后,该客服就一直不断向客户推荐店铺的商品,很少给客户讲话的机会,客户听了一会后很厌烦地挂断了电话。

案例分析:客服没有注意到客户的讲述意图,强行推销反而失去了客户。

② 对客户提问,了解客户需求。

客服所接触的客户是多种多样的,有的客户健谈、主动,有的客户就不善言辞,这时就需要客服主动了解客户的需求。提问是了解客户需求最直接的方法。通过提问可以准确而有效地了解到客户的真正需求,为客户提供他们所需要的服务。在实际运用中,提问也需要注意提高问题的质量和效率,不要问一些重复、无关的问题,尽量提高问题的针对性,这样才能更好地了解客户的需求。

例如,某化妆品网店的在线客服接待了一位客户,在简单的招呼语句后,客户并没有表达出她的购买意向,这时客服就开始通过提问来了解客户的购买意愿。"您好,您想买什么护肤品呢?""您需要什么功能的护肤品呢?"

案例分析:客服通过询问客户的产品需求,直接了解客户的购买意愿。

③ 观察客户言行,分析客户需求。

观察客户的言行,可以从客户浏览的商品和咨询的问题着手。例如,浏览促销活动的商品的客户,对价格比较敏感,可以向其推荐店铺的其他优惠活动;浏览某种商品的客户,客服可以向其推荐同类的商品,或者搭配商品。

3. 学习客服常用规范用语

欢迎用语	您好,欢迎光临＊＊＊＊＊店! 客服小丽为您服务。请问有什么可以为您服务的吗?
对话用语	亲,您的眼光真不错,我个人也很喜欢您选的这款。 亲,您喜欢哪一种颜色呢?
砍价的对话	亲,您好,这个价格已经是最优惠了,谢谢您的理解。 非常抱歉,您说的价格真的没办法呢,不过我可以给您附送一件精美礼品。 亲,我们是品牌厂家生产,品质保证! 价格已经调到最低利润了,恳请谅解。
支付的对话	亲,看到您已经拍下了我们的商品,您方便的话尽快付款哦,感谢您购买我们的产品。 亲,已经看到您支付成功了,我们会及时为您发货,感谢你购买我们的商品。
物流对话	同城1～2天,外省市3～4天,偏远地区一般5～7天。 温馨提醒:收货时,请当场验货后确认无误再签收。收货后没什么问题的话,希望可以尽快完成交易并给好评,谢谢亲,希望购物愉快!

续表

售后对话	您好,是有什么问题让您不满意吗?如果是我们快递公司的原因给您带来不便,我们很抱歉给您添麻烦了,我们公司实现无条件退换商品,亲,请您放心,我们一定会给您一个满意答复。
发货后的温馨提示	感谢您购买我们的商品,您的宝贝我们已经发货。如您在收到商品后不喜欢或不满意,我们会无条件为您退换商品。如有其他售后服务问题,请您一定记得与我们联系,我们会为您解决。如果您对我们的产品和服务满意,请记得给我们5分好评哦!

客服服务的两条黄金法则

在与客户进行交流时,客服人员不仅需要注意自己的语气和用词,还需要以积极、耐心的态度接待客户,客服可以通过以下2条黄金法则使自己的服务用语规范化:

1. 选择积极的用词与方式

客服在服务客户时,除了一直要保持积极的态度,还需要注意服务用语,尽量选择体现正面意思的服务用语。

比如说,要感谢买家在电话中的等候,常用的说法是"很抱歉让您久等","抱歉久等"这个词语实际上在潜意识中强化了对方"久等"这个感觉。比较正面的表达是"非常感谢您的耐心等待",通过赞扬的方式来表现顾客真的很善解人意,这会让客户听起来会舒服很多。

下面是一些习惯用语和专业用语,我们可以通过对比来学习如何使客服用语规范化。

习惯用语:这款产品都卖完了。——专业表达:由于这款产品非常热销,我们暂时没货了。

习惯用语:您问的都是一个问题。——专业表达:看上去这些问题很相似。

习惯用语:我不想给您错误的建议。——专业表达:我想给您正确的建议。

习惯用语:您没有必要担心这次修后又坏。——专业表达:这次修后请您尽管放心使用。

2. 善用"我"代替"你"

在一些服务用语中尽量用"我"代替"你",用"你"常会使人感到不礼貌。例如:

习惯用语:你的名字叫什么?——专业表达:请问,我可以知道您的名字吗?

习惯用语:你必须这么做。——专业表达:我们可以为您这样处理。

习惯用语:你错了,不是那样的!——专业表达:对不起,我没说清楚,但我想问题应该是这样的。

习惯用语:如果你需要我的帮助,你必须……——专业表达:我愿意帮助您,但首先我需要……

习惯用语:你做的不正确……——专业表达:我得到了不同的结果。让我们一起来看看到底怎么回事。

习惯用语:听着,那没有坏,所有系统都是那样工作的。——专业表达:那表明系统是正常工作的。让我们一起来看看到底哪儿存在问题。

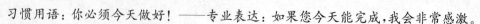

习惯用语：你必须今天做好！——专业表达：如果您今天能完成，我会非常感激。

习惯用语：当然你会收到，但你必须把名字和地址给我。——专业表达：我能知道您的名字和地址吗？这样我才能把商品寄给你。

习惯用语：你没有弄明白，这次听好了。——专业表达：也许我说的不够清楚，请允许我再解释一遍。

习惯用语：真是非常抱歉咯，这个没货。——专业表达：本店正在努力备齐宝贝。

活动二　主动向客户推荐商品

"关联式营销"中的"关联"有三种情况：组合关联、搭配关联和价格关联。接下来让我们通过以下客服关联营销的案例，来了解三种营销方法。

1. 商品组合关联推荐法

客户（10:32:14）："这本初三（上）数学练习册是现货吗？"

客服（10:32:17）："亲，您咨询的这本书有现货，您下单后马上发货。另外，这本练习册还有初三（下），您需要一起购买吗？"

在以上对话中，我们发现，丛书本来有"上、下"两册，当顾客提出购买丛书的上册时，客服人员主动询问了顾客是否还需要购买下册，这就是"商品组合关联"。

商品组合关联可以将组合内产品捆绑推介，例如有的时候顾客可能并不知道还有商品组合，此时客服人员的主动营销，不仅展示了客服的专业，还可以起到提醒顾客购买、提高客单价的作用。客服人员可以通过"这款商品是组合套装其中的商品，您看组合里另外的商品需要吗"这样的句式来进行商品组合关联的营销推荐。

2. 商品搭配关联推荐法

客户（10:32:45）："这款连衣裙是什么材质的？"

客服（10:33:25）："亲，这款连衣裙是全棉的哦，穿着舒适透气。此款连衣裙是休闲款，穿上很显气质哦，如果搭配我们这款腰带，显瘦的效果会更明显。您可以参考一下哦。"

这段对话里，我们看到，客服人员不仅对顾客所咨询的连衣裙的质量问题做出解答，还主动向客户推荐了适合搭配此款连衣裙的腰带，这就是"商品搭配关联"。

商品搭配关联主要针对客户购买商品的相关搭配产品，例如保温杯和保温杯杯套、鼠标和鼠标垫、手机壳和手机贴膜等。客服人员做好商品的搭配关联营销，不仅可以带给顾客贴心的购物体验，还可以促进销售、提高客单价。客服可以通过"这款产品搭配您挑中的产品非常合适""这两款产品搭配使用效果更好"等建议，进行商品搭配关联的营销推荐。

3. 商品价格关联推荐法

客户（14:21:33）："现在购买这款衬衣有什么优惠吗？"

客服（14:22:00）："亲，单独购买此款衬衣没有优惠哦，本店正在举行五一大促销，凡在本店购买产品满300元可减30元。您选的这款衬衣208元，只需再挑选92元的产品就可以享受优惠活动。您可以看看这款128元的打底衫（链接），现在是最热产品哦！"

这段对话里我们看到,客服人员主动告知了顾客"满300减30"的活动,并进行了相关产品的推荐,这就是所谓的"商品价格关联"。

商品价格关联主要利用商品的性价比吸引客户购买,一般来说与优惠活动搭配出现。客服人员可以根据店铺当期的优惠活动向客户进行主动营销,提高客单价和销售额。例如,通过"您购买的这款产品正在进行促销活动,满100减10元,您可以关注一下"等提醒语句进行商品价格关联的营销推荐。

销售员与客户说话的十大禁忌

1. 忌争辩

营销人员在与顾客沟通时,时刻不要忘记自己的职业、您的身份是做什么的。要知道与顾客争辩解决不了任何问题,只会招致顾客的反感。如果您刻意地去和顾客发生激烈的争论,即使您占了上风,赢得了胜利,把顾客驳得哑口无言、体无完肤、面红耳赤、无地自容,您快活了、高兴了,但您得到的是什么呢?是失去了顾客、丢掉了生意。

2. 忌质问

营销人员与顾客沟通时,要理解并尊重顾客的思想与观点,切不可采取质问的方式与顾客谈话。用质问或者审讯的口气与顾客谈话,是营销人员不懂礼貌的表现,是不尊重人的反映,是最伤害顾客的感情和自尊心的。记住!如果您要想赢得顾客的青睐与赞赏,忌讳质问。

3. 忌命令

营销人员在与顾客交谈时,展露一点微笑,态度和蔼一点,说话轻声一点,语气柔和一点,要用征询、协商或者请教的口气与顾客交流,切不可采取命令和批示的口吻与人交谈。永远记住一条——您不是顾客的领导和上级,您无权对顾客指手画脚,下命令或下指示。

4. 忌炫耀

当与顾客沟通谈到自己时,要实事求是地介绍自己,稍加赞美即可,万万不可忘乎所以、得意忘形地自吹自擂、自我炫耀自己的出身、学识、财富、地位以及业绩和收入等等。这样就会人为地造成双方的隔阂和距离。

5. 忌直白

俗语道:"打人不打脸,揭人不揭短",我们在与顾客沟通时,如果发现他在认识上有不妥的地方,也不要直截了当地指出,说他这也不是,那也不对,一般的人最忌讳在众人面前丢脸、难堪,要忌讳直白。康德曾经说过:"对男人来讲,最大的侮辱莫过于说他愚蠢;对女人来说,最大的侮辱莫过于说她丑陋。"我们一定要看交谈的对象,做到言之有物,因人施语,要把握谈话的技巧、沟通的艺术,要委婉忠告。

6. 忌批评

我们在与顾客沟通时,如果发现他身上有些缺点,我们也不要当面批评和教育他,更不要大声地指责他。要知道批评与指责解决不了任何问题,只会招致对方的怨恨与反感。与人交谈要多用感谢词、赞美语;要多言赞美,少说批评,掌握赞美的尺度和批评的分寸,要巧妙批评,旁敲侧击。

7. 忌专业

在推销产品时,一定不要用过于专业的术语。比如推销保险产品时,由于在每一个保险合同中,都有死亡或者是残疾的专业术语,中国的老百姓大多忌讳谈到死亡或者残疾等字眼,如果您不加顾忌地与顾客这样去讲,肯定会招致对方的不快。

8. 忌独白

与顾客谈话时要鼓励对方讲话,通过他的说话,我们可以了解顾客个人的基本情况。切忌营销人员一个人在唱独角戏,个人独白。

9. 忌冷淡

与顾客谈话,态度一定要热情,语言一定要真诚,言谈举止都要流露出真情实感,要热情奔放、情真意切、话贵情真。俗语道"感人心者,莫先乎情",这种"情"是营销人员的真情实感,只有您用自己的真情,才能换来对方的感情共鸣。在谈话中,冷淡必然带来冷场,冷场必定带来业务泡汤。

10. 忌生硬

营销人员在与顾客说话时,声音要宏亮、语言要优美,要抑扬顿挫、节奏鲜明,语音有厚有薄;语速有快有慢;语调有高有低;语气有重有轻。要有声有色,有张有弛,声情并茂,生动活泼。切忌说话没有高低、快慢之分,没有节奏与停顿,生硬呆板,没有朝气与活力。

使用客服工作软件,通过查找历史记录功能,查找某一天的交流记录,并指出其中是否有用语不规范。

● **自我评价**

主要内容		自我评价等级(在符合的情况下面打"√")			
		全都做到了	大部分(80%)做到了	基本(60%)做到了	没做到
熟悉客服历史的查找方法					
理解几种常见的规范用语					
了解客服规范用语要点					
自我总结	我的优势				
	我的不足				
	我的努力目标				
	我的具体措施				

- **小组评价**

主要内容	小组评价等级(在符合的情况下面打"√")			
	全都做到了	大部分(80%)做到了	基本(60%)做到了	没做到
熟悉客服历史的查找方法				
理解几种常见的规范用语				
了解客服规范用语要点				
建议				

组长签名：　　　　年　月　日

- **教师评价**

主要内容	教师评价等级(在符合的情况下面打"√")			
	优秀	良好	合格	不合格
熟悉客服历史的查找方法				
理解几种常见的规范用语				
了解客服规范用语要点				
评语				

教师签名：　　　　年　月　日

项目练习

一、单项选择

1. 售前客服主要的工作内容是（　　）。
   - A. 处理纠纷
   - B. 给客户退换货
   - C. 回答客户咨询
   - D. 给客户发货
2. 商品真伪质疑咨询场景的应答要点是（　　）。
   - A. 完善售后服务
   - B. 降低产品价格
   - C. 完善物流服务
   - D. 强调店铺资质
3. 砍价场景中客服可以怎么应答？（　　）
   - A. 强调赠品
   - B. 降低价格
   - C. 尽快发货
   - D. 售后服务
4. 商品新旧咨询场景的应答要点是（　　）。

  A. 强调新旧款优势   B. 强调店铺资质

  C. 强调商品品牌   D. 强调售后服务

5. 多人同时咨询的服务要点是（ ）。

  A. 快速应答满足客户需求   B. 推荐关联商品

  C. 注意服务礼仪   D. 选择部分客户进行回答

6. 下面哪项是人数较少时咨询的应答要点？（ ）

  A. 快速应答   B. 注意服务礼仪

  C. 推荐关联商品   D. 选择部分客户进行回答

7. 下面哪项不是关联商品？（ ）

  A. 电脑和鼠标   B. 书本和可乐

  C. 眼镜和眼镜盒   D. 咖啡和咖啡伴侣

8. 下面哪一项是与客户进行交流时的规范？（ ）

  A. 用语规范   B. 满足客户需求

  C. 接待客户   D. 快速应答

二、多项选择

1. 产品真伪咨询场景应答要点有（ ）。

  A. 强调店铺资质   B. 强调售后客服

  C. 强调店铺获得的资格证书 D. 强调商品价格低

2. 产品新旧质疑咨询场景的应答要点有（ ）。

  A. 强调新旧款优势   B. 强调旧款特色

  C. 强调店铺资质   D. 强调售后服务

3. 砍价场景的应答要点有（ ）。

  A. 说明价格已经很优惠了 B. 强调赠品

  C. 直接拒绝砍价   D. 满足客户需求的价格

4. 价格不具竞争力时的咨询应答要点有（ ）。

  A. 强调店铺资质   B. 可以降价

  C. 不予理睬   D. 强调产品质量保证

5. 客户要求降价就买时，客服的应答可以是（ ）。

  A. 说明客服不能修改价格 B. 不予理睬

  C. 附送赠品   D. 给客户降价

6. 店铺不支持退换货时应怎么回答客户？（ ）

  A. 说明不支持退换货的原因 B. 不予说明

  C. 价格降至最低   D. 强调产品优势

7. 下面哪几项是关联商品？（ ）

  A. 手机   B. 手机套

  C. 防尘塞   D. 笔记本

8. 多人同时咨询的服务技巧有（ ）。

  A. 设置自动回复   B. 设置快捷短语

  C. 打字速度快   D. 具备客服礼仪

三、判断

1. 客户质疑产品真伪时可以给客户看产品的相关资格证书。（　　　）

2. 客户砍价时可以直接答应客户要求的价格。（　　　）

3. 客户砍价时直接拒绝。（　　　）

4. 客户要求降价就买时可以赠送礼品。（　　　）

5. 价格不具竞争力时可以给客户降价。（　　　）

6. 不支持退换货时不用向客户解释原因。（　　　）

7. 任何两件商品都有关联性。（　　　）

8. 笔记本电脑和移动硬盘是一组关联商品。（　　　）

四、案例思考

小王是一家女装淘宝店铺的售前客服，一天有位客户向小王咨询了一款新上市的女装，咨询过后小王询问客户是否决定购买，该客户说"考虑一下再说"，此时小王应该怎样与客户沟通，吸引客户购买？

项目 三 **售中客服**

项目目标

● **知识目标**

1. 了解订单处理流程；
2. 掌握订单处理操作；
3. 学习对未付款订单进行催付。

● **技能目标**

1. 能够修改客户订单运费；
2. 能够修改收货人订单信息；
3. 能够在多平台进行订单处理。

● **情感目标**

1. 具备指导客户下单的意识；
2. 具备修改客户订单信息的意识。

项目流程

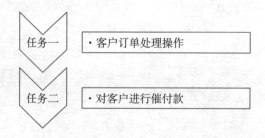

任务一 ·客户订单处理操作

任务二 ·对客户进行催付款

项目导读

在客户完成订单支付后，客服需要对客户订单进行确认，在微店后台上进行操作。售中客服还需要对未付款单订单的客户进行催付款，在本项目中，我们将学习这两项知识内容。

项目实施

◇ **案例链接**

海底捞就餐前后的服务过程

1. 用餐前

每一家"海底捞"门店都有专门的泊车服务生，主动代客泊车，停放妥当后将钥匙交给客

44

人,等到客人结账时立即提车到店门前,客人只需要在店前稍作等待。此外还有免费的擦车服务,在任何一家"海底捞"店里的等候区都可以看到如下的景象:大屏幕上不断打出最新的座位信息,几十位排号的顾客坐在那儿悠闲地吃着免费水果,喝着免费的饮料,享受店内提供的免费上网、擦皮鞋和美甲服务。

2. 点餐时

"海底捞"不像其他火锅店为了多挣钱尽可能增加点菜量,如果客人点的量已经超过了可食用量,服务员会及时提醒客人,可想而知这样善意的提醒会在我们的内心形成一道暖流。此外,服务员还会主动提醒食客,各式食材都可以点半份,这样同样的价钱就可以享受平常的两倍的菜色。

3. 就餐时

大堂里,女服务员会为长发的女士扎起头发,并提供小发夹夹住前面的刘海,防止头发垂到食物里;戴眼镜的朋友可以得到擦镜布;放在桌上的手机会被小塑料袋装起以防油腻;每隔15分钟,就会有服务员主动更换你面前的热毛巾,如果你带了小孩子,服务员还会帮你喂孩子吃饭,陪他在儿童天地做游戏,使顾客能轻松快乐地享受美食。

4. 就餐后

餐后,服务员马上送上口香糖,一路遇到的所有服务员都会向你微笑道别。

海底捞"服务至上、顾客至上"的理念,成功地打造出信誉度高,颇具四川火锅特色,融会巴蜀餐饮文化"蜀地,蜀风"浓郁的优质火锅品牌。

任务一　客户订单处理操作

任务描述

　　小丽经过上一个项目中的售前岗位培训后,现在进入售中客服岗位的轮岗培训。在工作中,小丽经常会遇到一些对于互联网购物并不熟悉的消费者,所以作为客服,小丽不仅要承担产品咨询、销售导购的职能,还要协助客户完成下单和支付的流程,在客户下单后还需要对客户订单进行确认,并打印相关单据。

任务清单	
任务目标	了解客户订单处理操作
任务分解	活动一　协助客户下单
	活动二　帮客户修改订单
材料准备	网店管理后台
知识准备	电子商务行业知识
技能准备	打字速度、理论知识识记、微店管理后台操作

活动一　协助客户下单

售前客服在服务客户时,有时候会遇到不会下单或下单时遇到问题的客户,此时客服就需要协助客户进行下单,协助客户下单有两种情况:指导新客户在前台下单、配合客户需要在后台手动下单。

1. 协助客户完成下单流程

图3-1　商品购买

客服有时会遇到不会网购的客户,这时客服就需要指导客户完成下单。

某天小丽接待了一位不会网购的客户,为了帮助客户顺利完成购买,小丽通过在线交流软件,指导客户下单。下面是小丽指导客户下单的步骤:

① 将商品加入购物车。选择好商品的尺码、颜色等属性后,点击"加入购物车"。

② 确认购买的商品。确认购买商品后点击"去结算"。

③ 登录/注册网站。如果是老用户,可以直接登录购买,如果是第一次网络购物,因此需要注册账户。输入用户名和密码后,点击"提交注册"。

④ 核对订单,点击"提交订单",完成购买。

2. 配合客户需求完成手动下单

有时,客户在下单时会遇到网络问题或者系统问题,导致客户无法在网点前台完成下单,这时客服就可以在网点后台手动为客户下单。

手动下单的操作如下:

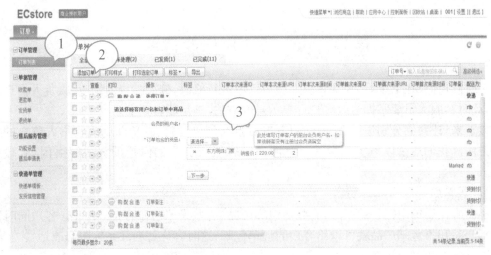

图 3-2　添加订单

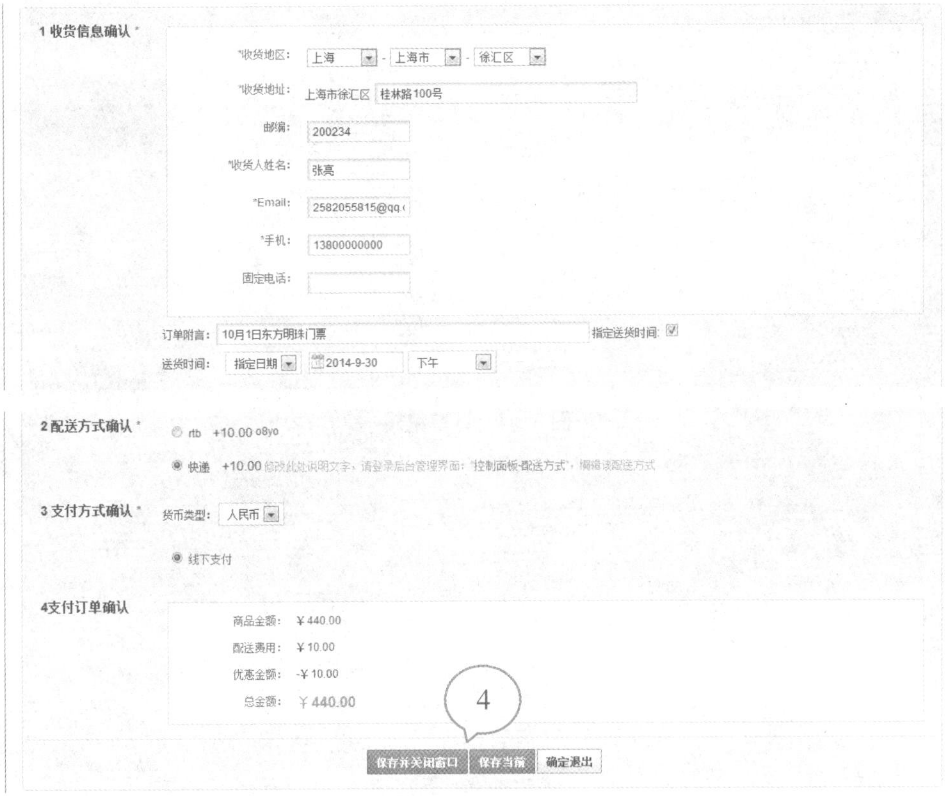

1 收货信息确认 *

*收货地区：　上海 ▼ - 上海市 ▼ - 徐汇区 ▼

*收货地址：　上海市徐汇区 桂林路100号

邮编：　200234

*收货人姓名：　张亮

*Email：　2582055815@qq.c

*手机：　13800000000

固定电话：

订单附言：　10月1日东方明珠门票　　　　指定送货时间 ☑

送货时间：　指定日期 ▼ 📅 2014-9-30 下午 ▼

2 配送方式确认 *　　○ rtb　+10.00 o8yo

　　　　　　　　　　　● 快递　+10.00 此处此处说明文字，请登录后台管理界面：'控制面板-配送方式'，编辑该配送方式

3 支付方式确认 *　货币类型：　人民币 ▼

　　　　　　　　　● 线下支付

4 支付订单确认

　　　　　商品金额：　￥440.00
　　　　　配送费用：　￥10.00
　　　　　优惠金额：　-￥10.00
　　　　　总金额：　￥440.00

保存并关闭窗口　保存当前　确定退出

图 3-3　填写订单信息

① 点击"订单——订单列表"。

② 点击"添加订单"。

③ 登记顾客用户、选择商品及商品数量。

④ 填写收货信息、配送方式、支付方式，对生成的订单进行金额确认。

活动二　帮客户修改订单

有时候,客户在下单后,需要客服人员对订单进行修改,例如邮费的修改、收货人信息的修改等,此时客服人员要掌握修改客户订单信息的方法,满足顾客要求。

接下来,让我们分别通过案例,学习下单后修改订单运费、发货前修改收货人信息的具体操作方法。我们通过以下实例学习一下网站的客服人员是如何帮助客户解决困难,顺利下单的。

1. 下单后修改订单运费

小丽所在店铺中销售的产品,有些是包邮产品,有些是不包邮产品,如果有客户同时购买了包邮产品和不包邮产品就可以给客户的订单包邮,这时客户就会联系客服修改运费。

以下是小丽修改运费的操作步骤:

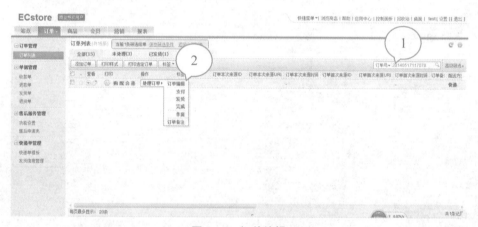

图 3-4　订单编辑

图 3-5　编辑订单信息

当顾客提出修改运费要求时,客服人员需要登录网站后台进行三个步骤的邮费更改操作。

① 根据订单号查找到需要修改的订单。

② 点击需要更改邮费的订单,选择"订单编辑"。

③ 可以在配送费用处,将金额改为"0",为顾客减免快递费用。

2. 发货前修改收货人信息

有的客户在付款之后发现收货地址写错了,或者有的客户由于收货信息变动临时想修改收货信息,这时就会联系客服,要求帮助修改收货信息。

客户提出了修改收货人信息的要求,那么作为客服人员,应该首先查看订单是否已发货,若在发货前可以进行修改;若订单已经发货,则不能修改订单收货地址。

下面是未发货订单收货地址的操作:

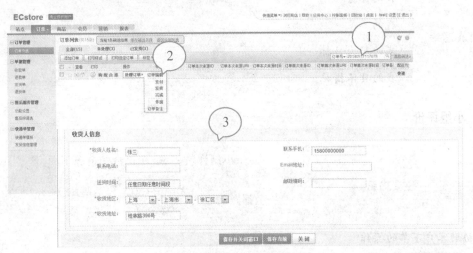

图 3-6 订单信息编辑

① 根据客户提供的订单编号进行订单搜索,筛选到所需要修改的订单。

② 点击需要修改收货人信息的订单,选择"订单编辑"。

③ 修改收货信息,之后点击"保存并关闭窗口"。

任务训练

在网店后台手动下单,并且对订单信息进行再次修改。

任务评价

● **自我评价**

主要内容	自我评价等级(在符合的情况下面打"√")			
	全都做到了	大部分(80%)做到了	基本(60%)做到了	没做到
熟悉协助客户下单的操作				

续表

主要内容	自我评价等级(在符合的情况下面打"√")			
	全都做到了	大部分(80%)做到了	基本(60%)做到了	没做到
掌握手动下单的操作				
掌握修改订单的操作				
自我总结	我的优势			
	我的不足			
	我的努力目标			
	我的具体措施			

• 小组评价

主要内容	小组评价等级(在符合的情况下面打"√")			
	全都做到了	大部分(80%)做到了	基本(60%)做到了	没做到
熟悉协助客户下单的操作				
掌握手动下单的操作				
掌握修改订单的操作				
建议				

组长签名：　　　年　月　日

• 教师评价

主要内容	教师评价等级(在符合的情况下面打"√")			
	优秀	良好	合格	不合格
熟悉协助客户下单的操作				
掌握手动下单的操作				
掌握修改订单的操作				
评语				

教师签名：　　　年　月　日

活动三 订单确认处理流程

1. 确认订单

小丽是某品牌商家的网络客服人员，今天，她像往常一样，需要对订单信息进行操作确认。

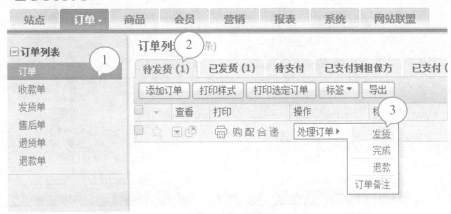

图 3 - 7 订单操作

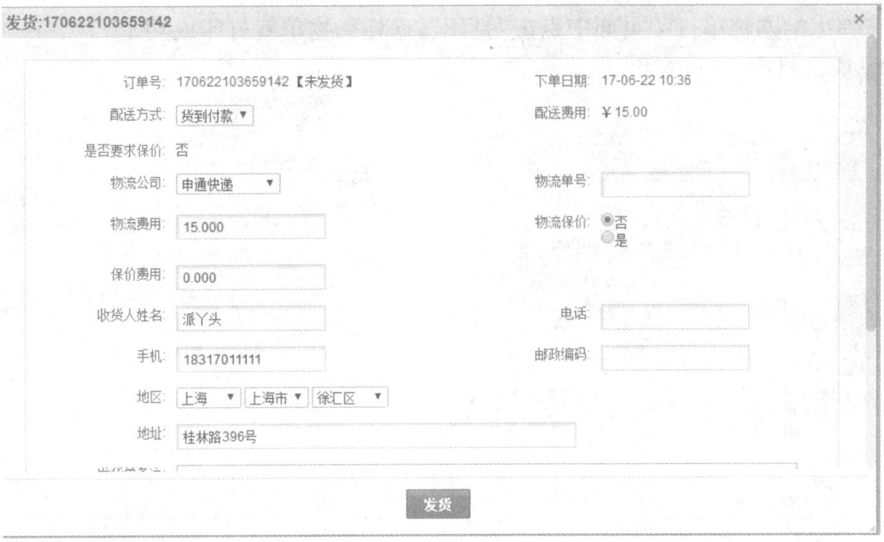

图 3 - 8 发货

① 如图 3 - 7，小丽登录网店管理系统，依次点击"订单——待发货——发货"。

② 如图 3 - 8，审核订单信息，点击"发货"，即可完成发货操作。

小丽在确认订单后，还需要进行 3 单打印，3 单是指配货单、快递单和购物清单。打印这 3 单是为了给客户从仓库配货和发货。其中，配货单是给公司库存人员，快递单和购物清单是给客户发货时需要的。下面是小丽的 3 单打印操作。

2. 购物单打印

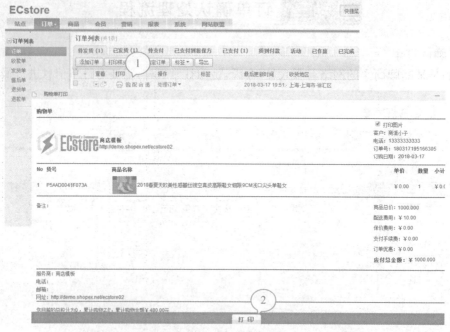

图 3-9　打印购物单

① 在订单列表中,点击"打印"项下目标订单的"购"。

② 在弹出的购物单打印页面中点击"打印",这样购物单就打印成功了。

3. 配货单打印

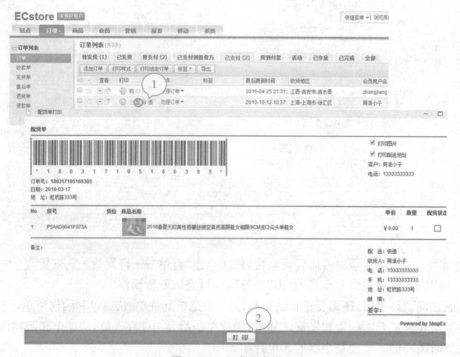

图 3-10　打印配货单

① 在订单列表中，点击"打印"项下目标订单的"配"。

② 在弹出的配货单打印页面中点击"打印"，这样配货单就打印成功了。

4. 快递单打印

图 3-11　打印快递单

① 在订单列表中，点击"打印"项下目标订单的"递"。

② 在弹出的快递单打印页面中点击"打印"，这样快递单就打印成功了。

5. 联合打印

有时候客服人员需要把三单信息打印在一起交给发货人员，这时候就需要用到联合打印。联合打印的操作步骤如下：

图 3-12　联合打印

① 在订单列表中,点击"打印"项下目标订单的"合",可以把配货单、快递单和购物单同时打印在一张纸上。

② 在弹出的联合打印页面中点击"打印",这样联合打印单就打印成功了。

 任务训练

在 ECstore 后台上确认一个待处理订单。

 任务评价

- 自我评价

主要内容	自我评价等级(在符合的情况下面打"√")			
	全都做到了	大部分(80%)做到了	基本(60%)做到了	没做到
熟悉订单确认的操作流程				
理解 3 单的作用				
了解 3 单打印的系统操作				
自我总结 我的优势				
我的不足				
我的努力目标				
我的具体措施				

- 小组评价

主要内容	小组评价等级(在符合的情况下面打"√")			
	全都做到了	大部分(80%)做到了	基本(60%)做到了	没做到
熟悉订单确认的操作流程				
理解 3 单的作用				
了解 3 单打印的系统操作				
建议				

组长签名: 年 月 日

● **教师评价**

主要内容	教师评价等级(在符合的情况下面打"√")			
	优秀	良好	合格	不合格
熟悉订单确认的操作流程				
理解3单的作用				
了解3单打印的系统操作				
评语				

教师签名：　　　　　年　月　日

任务二　对客户进行催付款

 **任务描述**

　　小丽在工作中经常会遇到一些客户虽然下了单,但是迟迟不付款。未付款订单一直是令很多卖家头疼的问题。未付款订单会出现很多的变数。客服主动催单能够给店铺带来整体的优势,不仅提高转化率,还能提高销售额,增加产品销量。本任务中我们将学习如何对客户进行催付。

任务清单	
任务目标	了解未付款订单产生的原因和催付技巧
任务分解	活动一　了解订单催付的基本知识
	活动二　学习3种常见的催付方法
材料准备	店铺管理后台
知识准备	电子商务行业知识
技能准备	打字速度、理论知识识记

活动一　了解订单催付的基本知识

1.　未付款订单产生的原因

合理的催付可以有效地提高客户体验,更可以挽回订单;过分的催付会让买家反感,造成主动关闭订单。对客户进行催付,首先应该了解买家没有付款的原因和买家下单后没有付款的情况。

① 卖家库存不足导致无法付款。

有的商家在店铺库存设置中,把商品的库存设置为"付款减库存",那么这种设置就会造成有些客户下单后,在付款环节被提示商品库存不足,无法付款。这样买家会选择自己关闭交易,所以在活动设置库存时卖家一定要预留一些,以应对特殊的情况。同时一定要在相关页面作出及时付款的说明。

② 支付遇到问题。

有些客户不熟悉网购流程,以为提交订单就可以了,实则没有完成付款;有的买家在进行支付时还会遇到忘记密码、余额不足、网银证书不在身边等问题。遇到这些问题,客服可以试着向客户讲解支付流程、网银操作、其他支付方式等;网速慢造成付款失败,卖家可建议买家关闭其他造成网速不够的程序、让买家稍后及时支付、提醒买家选择朋友帮忙代付等,也需要给客户预留一定的时间处理,在一定时间之后再对客户进行催付。

③ 临时状况。

在买家下单后,还会遇到各种临时状况。订单信息错误,想重新再拍;拍下后还想购买其他宝贝一起付款;又在网上发现了其他更优惠、更好的商品;不想要了等。

遇到误拍、错拍、进错店、选错宝贝的情况,客服应仔细询问买家的需求,推荐合适的宝贝给买家。如果客户不想买了或者犹豫不决,可以试着赠送小礼品、优惠券的方式引导客户购买,再引导购买其他产品。

2.　订单催付

对于未付款订单,客服需要及时和客户联系,对订单进行催付。

① 把握时间。

在客户下单后,如果超过几分钟还没有付款,就需要立即对客户进行催付。因为随着时间的流逝,客户对商品的购买热情也会慢慢流失,所以在客户下单后几分钟后还没有付款,客服就要及时对客户进行提醒。提醒的方式:如果客户在线,就可以通过在线即时通信软件给客户发送在线消息对客户进行催付;如果客户不在线,则可以通过短信的方式对客户进行催付。

如果消息和短信在下单催付后,有的客户还是没有完成付款,这时客服就可以通过电话来对客户进行催付。打电话催付的时间为早上9点30开始,下午是14点30开始,节假日还需要延后,不能在休息时间对客户进行催付,否则会引起客户的反感。

② 催付话术。

不管是用在线交流软件、短信，还是用电话对客户进行催付，都需要使用催付话术，良好的催付话术是催付成功的关键。

例如，在客户下单后几分钟对客户进行催付，可以使用核对信息的方式，对客户进行提醒："亲，您核对一下地址信息是否有误，＊＊＊＊，没问题的话可以付款了哦。"这样催付既对客户进行了付款提醒，又不至太过于直接。

在客户下单一天后，对客户催付，可以使用了解原因的方式进行催付："亲，看到您在本店的订单还没有付款，不知道遇到什么问题了呢，购物遇到问题请及时联系我们的客服哦。"

催付基本话术

1. 自报家门

您好，我是淘宝网××××（店名），您××××（时间）在我们店铺拍了××××（具体产品），您还有印象吗？

2. 告知通话目的

是这样的，看您没有支付呢，这个宝贝很热销的，同一时间有很多买家购买，您的眼光真好，不知道是什么原因没有完成付款呢？有没有需要我帮助的地方？

3. 特殊情况

您好，您拍的商品正在参加聚划算活动，还有两个小时活动就要结束了呢，提醒您尽快付款哦！

4. 确认订单信息后促进支付

请问是＊＊女士吗？看到您昨天下午在本店拍了一件宝贝还没付款，很多买家在同一时间选择了此款产品，您的眼光非常好呢！要不要再考虑看看，我们店支持 7 天无理由退换的，现在确认购买还有小礼品赠送呢。

活动二　学习 3 种常见的催付方法

客服在进行催付时，不仅需要提醒客户及时付款，还需要掌握一定的方法，吸引客户付款，提高催付成功率。常见的催付方法有 3 种：优先发货、店铺活动和产品情况。

1. 优先发货

优先发货催付方法是指在对客户进行催付时，告知客户如果及时付款，可以优先发货，以此来吸引客户付款。

案例一：

您好，我们已经在安排发货了，看到您的订单还没有支付，这里提醒您现在付款我们会优先发出，您可以很快收到包裹哦！

案例二：

亲，您的未付款订单中午 12:00 前付款，我们当天就可以优先为您发货哦，您看中的宝贝也会尽快到您手中哦!

案例分析:提醒客户及时付款可以优先发货,这对于想要早点收到商品的客户来说具有很大的吸引力,及时付款可以缩短商品的收货时间。

2. 店铺活动

在对客户进行催付时,通过介绍店铺的相关活动可以刺激客户付款或消费。常见的店铺活动有限时优惠、卖家包邮、附送赠品等。

案例一:

亲,您的未付款订单中有限时促销产品,促销还有 12 小时就结束了哦,现在付款可享 5 折优惠,机不可失、先付先得哦!

案例分析:该条催付信息中强调店铺优惠活动的时限,通过限时折扣来吸引客户尽早付款,以达到成功催付的目的。

案例二:

亲,感谢您对＊＊＊店铺的关注,现在付款可享订单包邮,邮费已经给您免去了,请尽快付款,以免交易关闭哦!

案例分析:该条催付信息中强调包邮优惠,以免邮费来吸引客户尽快付款。

案例三:

亲,您拍下的宝贝还未付款哦,因为您是第一次(新客户)购买本店的商品,我给店长申请了赠品,这个赠品不是 VIP 的老客户都不送的,机不可失时不再来哦!

案例分析:该条催付信息中强调及时付款可得赠品,通过赠品来吸引客户及时付款。

3. 产品情况

在对客户进行催付时,客服可以通过强调产品的某些因素来吸引客户付款。常见的产品情况催付有强调产品库存、强调产品服务、强调产品价格等。

案例一:

您好,看到您在活动中抢到了我们的宝贝,真的很幸运呢。您这边还有未付款,不知道遇到什么问题呢,再过一会就要自动关闭交易了呢。产品库存有限,会有别的买家会在有货的时候支付掉,那您这边就失去这次机会了,及时付款,先付先得哦!

案例分析:该条催付信息中,强调了产品库存有限,提醒客户及时付款才能有机会抢到商品,通过库存来刺激客户支付。

案例二:

您好,看到您这边没有支付,我们这边是 7 天无理由退还,还帮您购买了运费保险,收到以后包您满意,如果不满意也没有后顾之忧。

案例分析:该条催付信息中,强调了产品服务,通过介绍产品售后服务来消除客户商品售后方面的疑虑,吸引客户付款。

案例三:

您好,您在＊＊店铺拍下的商品还没有付款,因为您是第一次(老客户)购买本店的商品,我给店长申请了这次给您个 VIP 价格,比您拍的时候少了很多哦。

案例分析:该条催付信息中,强调了产品价格的优惠力度,以价格优惠来吸引客户支付。

由于交易情况的多变性,每个交易客户的特点不同,催付方式的使用要根据具体的客户特点来使用。这要求客服在进行催付时需要查看客户交易信息和聊天信息,从相关信息中了解客户特点,从而选择相应的催付方式。比如对想要早点收到商品的客户使用优先发货催付、对喜欢参加团购活动的客户进行活动催付、对商品价格还在犹豫的客户进行产品价格优惠催付等。

 任务训练

编写一条催付短信,并采用一种所学的催付方法。

任务评价

● 自我评价

主要内容	自我评价等级(在符合的情况下面打"√")			
	全都做到了	大部分(80%)做到了	基本(60%)做到了	没做到
熟悉催付工具的知识				
理解不同催付工具的特点				
了解3种催付方法的使用				
自我总结　我的优势				
我的不足				
我的努力目标				
我的具体措施				

● 小组评价

主要内容	小组评价等级(在符合的情况下面打"√")			
	全都做到了	大部分(80%)做到了	基本(60%)做到了	没做到
熟悉催付工具的知识				
理解不同催付工具的特点				
了解3种催付方法的使用				
建议				

组长签名:　　　　　年　月　日

● 教师评价

主要内容	教师评价等级(在符合的情况下面打"√")			
	优秀	良好	合格	不合格
熟悉催付工具的知识				
理解不同催付工具的特点				
了解 3 种催付方法的使用				
评语				
	教师签名： 年 月 日			

一、单项选择

1. 下面哪一项是指导新客户下单的步骤？（   ）
   A. 帮助客户修改地址信息　　　　　B. 给客户退换货
   C. 提醒客户把商品添加进购物车　　D. 给客户发货

2. 发货前需要和客户确认什么？（   ）
   A. 配送信息　　　　　　　　　　　B. 用户名
   C. 商品价格　　　　　　　　　　　D. 商品是否新款

3. 在确认信息后需要干什么？（   ）
   A. 打印 3 单　　　　　　　　　　　B. 发货
   C. 修改订单　　　　　　　　　　　D. 催付

4. 3 单中不包括（   ）。
   A. 购物单　　　　　　　　　　　　B. 配货单
   C. 快递单　　　　　　　　　　　　D. 用户列表单

5. 电话催付首先应该（   ）。
   A. 自报家门　　　　　　　　　　　B. 说明目的
   C. 开始催付　　　　　　　　　　　D. 询问原因

6. 电话催付结束应该（   ）。
   A. 礼貌结束　　　　　　　　　　　B. 直接挂电话
   C. 给客户推荐商品　　　　　　　　D. 和客户聊天

7. 电话催付的特点是（   ）。
   A. 时效性强　　　　　　　　　　　B. 成本低
   C. 互动性低　　　　　　　　　　　D. 不打扰客户

8. 下面哪一项是聊天工具催付的特点？（   ）

A. 成本低   B. 时效性强

C. 互动性高   D. 催付效果最好

二、多项选择

1. 协助新客户下单步骤包括（   ）。

A. 将商品加入购物车   B. 确认客户购买商品

C. 提醒用户会员注册/登录   D. 提交订单详细信息

2. 售中客服可以帮助客户（   ）。

A. 指导下单   B. 修改信息

C. 打印 3 单   D. 处理纠纷

3. 3 单包括（   ）。

A. 购物单   B. 用户列表单

C. 快递单   D. 配货单

4. 售中客服可以修改（   ）。

A. 客户地址信息   B. 客户联系信息

C. 快递信息   D. 收货信息

5. 常用的催付工具有（   ）。

A. 电话催付   B. 旺旺催付

C. 短信催付   D. 邮件催付

6. 常用的催付方法有（   ）。

A. 优先发货   B. 店铺活动

C. 产品库存   D. 产品价格优惠

7. 短信催付可以（   ）。

A. 提升服务   B. 刺激支付

C. 降低成本   D. 增加客户

8. 聊天工作催付的优点有（   ）。

A. 不会打扰客户   B. 互动性低

C. 催付成本低   D. 时效性强

三、判断

1. 客服可以帮助客户下单。（   ）

2. 客服不可以修改客户信息。（   ）

3. 客服可以手动帮助客户下单。（   ）

4. 客户付款后客服就直接发货。（   ）

5. 客服需要确认订单信息。（   ）

6. 电话催付的时效性最强。（   ）

7. 电话催付的效果最好。（   ）

8. 聊天工具催付的成本最低。（   ）

四、案例思考

催付是提高店铺购买转化率的有效方式。2015 年 11 月 11 日，客服小王所在的店铺也开展了商品促销活动，很多客服参加活动促销商品，但是还有部分客户下单后并没有进行付款，请为小王设计一个"双十一"旺旺催付信息。

项目 四 售后客服

项目目标

● **知识目标**

1. 了解引发纠纷的三种情况；
2. 掌握纠纷的处理方法；
3. 掌握退换货的操作流程。

● **技能目标**

1. 能够判断纠纷的责任方；
2. 会为客户进行退换货操作。

● **情感目标**

1. 具备纠纷处理意识；
2. 具备售后人员的服务意识。

项目流程

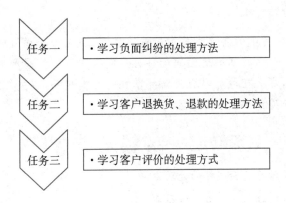

任务一 · 学习负面纠纷的处理方法

任务二 · 学习客户退换货、退款的处理方法

任务三 · 学习客户评价的处理方式

项目导读

在网络购物环境中，由于买家购买时是通过商品的图片信息、文字信息和客服的沟通，所以货到前很难看到商品的实物，难免会出现一些购物纠纷，另外第三方评论往往会在信息传递的沟通中出现偏差，也会引发纠纷。这些纠纷往往会影响到网店后续的经营，所以，客服人员需要及时进行处理。

项目实施

◇ **案例链接**

负面纠纷案例

案例一：杭州的淘宝店主屠女士在 2017 年 6 月遇到了一起交易纠纷，一位客户购买了店铺中的一款手机后，由于手机使用出现问题，客户私自拆开手机进行维修，结果手机无法正常开机使用。客户要求退款退货。屠女士拒绝了客户的请求后，客户给店铺差评，并且在很多论坛、网站上恶意诋毁店铺信用，店铺销售大受影响，屠女士多次沟通无果后，选择起诉该客户。

案例二：2018 年 2 月，江苏的汪先生在淘宝网上向宁波镇海的卖家购买了 5 张 3G 资费卡，每张 168 元，总共 840 元，由汪先生自己承担运费。由于该卡并未激活，汪先生在购买当月无法查询到该卡的真实信息。3 月份，汪先生经查询后发现，该卡的产品信息与卖家的描述不一致。他立即找卖家协商，并向淘宝客服投诉。多次协商未果，最后决定与卖家对簿公堂。

以上两个案例以消费者的角度展示了网购中的纠纷。不管哪个行业都会遇到纠纷，纠纷也是售后客服必须面对的岗位工作。接下来，我们将通过小丽的售后岗位实习内容，从卖家的角度分析应该如何处理交易纠纷。

任务一　学习负面纠纷的处理方法

 **任务描述**

> 小丽经过上一个项目中的售前和售中岗位培训后，现在进入售后客服岗位的轮岗培训。在售后岗位的实习工作中，小丽需要面对各种售后纠纷的解决。当产生消费纠纷时，客户的情绪一般都会比较差，那么在服务时就更需要掌握一定的技巧，避免纠纷扩大化。在本次轮岗中，小丽接到了第一项任务：学习处理纠纷。

任务清单

任务目标	学习负面纠纷的处理方法
任务分解	活动一　商家有过错处理方式
	活动二　商家、客户共担责任处理方式
	活动三　商家无过错处理方式
材料准备	电脑、书籍、客服案例
知识准备	服务礼仪和技巧
技能准备	理论知识识记

活动一　商家有过错处理方式

这天,小丽在售后岗位上接到了第一个售后服务项目,与客户沟通后,小丽了解到客户本来购买的是一双 36 码的鞋子,结果仓库人员在发货时发成了 38 码,客户对此很不满,于是小李非常诚恳地给客户道歉,并且及时给客户进行换货,并补偿给客户一张 100 元的优惠券。

案例分析:面对这种情况,客服人员首先要安抚顾客情绪,然后将情况如实反馈给仓库发货人员。如果情况属实,那么商家就是有过错的一方,需要向客户做出说明并进行纠纷处理。

商家有过错的情况包括商品质量问题、商家发错型号尺码、未经沟通更换货物、未在约定时间发货等。这类情况发生时,客服人员可以给客户赔偿或者退换货的方式进行解决。

活动二　商家、客户共担责任处理方式

某天,小丽接待了一位客户,这位客户告诉小丽,自己买的灰色的裙子,结果收到的裙子和商品详情页上的图片不一样,颜色太深。小丽首先给客户进行了致歉,并且给客户解释由于电脑显示器分辨率不同,每台电脑看到的图片颜色都会有差别,客户听后表示理解,但是还是觉得颜色不符合自己心意,于是小丽告诉客户可以免费赠送一款新品围巾,后来客户答应了小丽的解决方案。

案例分析:客户发现实物颜色与电脑颜色不符,而产生了纠纷。这种纠纷是由于电脑显示器的色差或者图片颜色所致,带有一定的主观性,并非完全是商家的过错。当然,也不是顾客的过错。用通俗的话来说就是"公说公有理,婆说婆有理"。

这时商家和客户可以共担责任,商家可以通过"送赠品"的对策解决。

活动三　商家无过错处理方式

这天,小丽又接待了一位售后客户,该客户购买了一件锆石项链,在收到项链后,客户想通过火烧的方式验证一下锆石是不是真的,结果在火烧时,把锆石给烧得有点黑影擦不掉,于是联系客服想要退货。小丽先是给客户讲解了锆石正确的验证方法,并且说明了店铺的退换货规则,客户自己损坏商品的不属于退换货的范围,同时,小丽还告诉客户锆石的保养方法,可以除去上面的黑影。最后小丽还赠送给了客户一张 20 元优惠券,客户在下次购物时可以使用。

在这个案例里面,我们看到客服人员小丽根据客户描述,找到问题的原因,此种情况便属于"商家无过错"。

商家无过错的处理方式,可以采用"送优惠券"的方法。这种方法可以表示对顾客的理解和尊重,改善顾客满意度,还能够促进顾客下次购买,增加商品购买回头率。

2 人为一组,模拟一个商家与客户共担责任的场景。

- **自我评价**

主要内容	自我评价等级(在符合的情况下面打"√")			
	全都做到了	大部分(80%)做到了	基本(60%)做到了	没做到
熟悉商家过错的处理方式				
理解共担责任的处理方式				
了解商家无过错处理方式				
自我总结 我的优势				
我的不足				
我的努力目标				
我的具体措施				

- **小组评价**

主要内容	小组评价等级(在符合的情况下面打"√")			
	全都做到了	大部分(80%)做到了	基本(60%)做到了	没做到
熟悉商家过错的处理方式				
理解共担责任的处理方式				
了解商家无过错处理方式				
建议				

组长签名: 年 月 日

● **教师评价**

主要内容	教师评价等级(在符合的情况下面打"√")			
	优秀	良好	合格	不合格
熟悉商家过错的处理方式				
理解共担责任的处理方式				
了解商家无过错处理方式				
评语				
		教师签名：　　　　　年　月　日		

任务二　学习客户退换货、退款的处理方法

　　网络购物中,退换货、退款是常见的售后处理手段。所以作为网络客服人员,一定要掌握退换货、退款的具体流程,以满足顾客需求。在售后岗位的实习工作中,售前和售中客服会把需要退换货的客户转接给小丽,由小丽帮这些客户进行退换货处理。小丽的上级领导给小丽安排了一个任务：接待退换货、退款客户并完成操作。

任务清单	
任务目标	学习客户退换货、退款的处理方法
任务分解	活动一　客户退换货的操作流程
	活动二　客户退款的操作流程
材料准备	书籍
知识准备	客户服务流程
技能准备	网店后台操作

任务开始

活动一　客户退换货的操作流程

　　小丽接到售前客服转过来的一个需要售后服务的客户,在与客户沟通后,小丽了解到客户购买的商品在收到货后,客户试穿了不喜欢想要退货,小丽首先询问了客户的订单号码,然后告诉客户店铺的退货流程,让客户把商品再寄回给仓库。在结束与客户的对话后,小丽还需要在网店管理后台上对客户的订单进行退货操作。以下是小丽的操作过程:

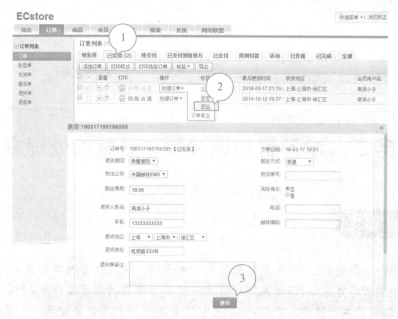

图 4-1　确认信息

　　① 根据订单号查找到需要退货的订单。
　　② 小丽找到订单后,点击"处理订单"中的"退货",为客户办理所需要的退货业务。
　　③ 小丽向客户核对了收货人信息及商品信息,在确认之后点击"退货"。
　　通过以上三步,小丽为客户完成了退货的操作。
　　如果客户要求换货,可以在系统中按照退货的操作,先给客户退货,然后再给客户发货,把客户需要换的货物发给客户。

活动二　客户退款的操作流程

　　某天,小丽接待了一个想要退款的客户,该客户的商品因为邮寄包裹被损坏而拒收,客户要求店家退款,小丽首先与客户沟通是否愿意接受补发商品,客户不愿意接受补发只想退款,

小丽告知客户店铺的退款规则,店铺需要在收到拒收的包裹后才能退款给客户,客户表示愿意等几天。3天后,仓库人员联系小丽,说已经收到了退回的包裹,这时,小丽开始在网店管理平台上,给客户进行退款操作,以下是小丽的操作流程:

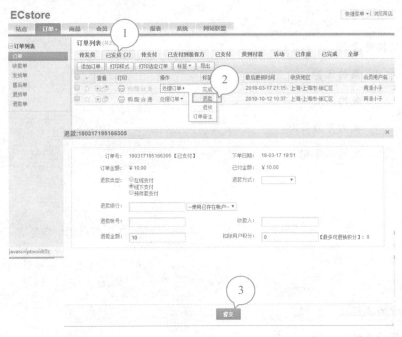

图4-2 退款

① 在订单管理中,点击"已发货",根据订单号查找到需要退款的订单。
② 点击"退款"。
③ 核对了收货人信息及商品信息,在确认之后点击"提交",完成给客户的退款操作。

 任务训练

在ECstore系统上进行一个退换货操作。

任务评价

● 自我评价

主要内容	自我评价等级(在符合的情况下面打"√")			
	全都做到了	大部分(80%)做到了	基本(60%)做到了	没做到
熟悉客户退货的流程				
熟悉客户换货的流程				

主要内容		自我评价等级(在符合的情况下面打"√")			
		全都做到了	大部分(80%)做到了	基本(60%)做到了	没做到
了解系统中退换货操作					
自我总结	我的优势				
	我的不足				
	我的努力目标				
	我的具体措施				

● **小组评价**

主要内容	小组评价等级(在符合的情况下面打"√")			
	全都做到了	大部分(80%)做到了	基本(60%)做到了	没做到
熟悉客户退货的流程				
熟悉客户换货的流程				
了解系统中退换货操作				
建议				

组长签名： 年 月 日

● **教师评价**

主要内容	教师评价等级(在符合的情况下面打"√")			
	优秀	良好	合格	不合格
熟悉客户退货的流程				
熟悉客户换货的流程				
了解系统中退换货操作				
评语				

教师签名： 年 月 日

任务三　学习客户评价的处理方式

任务描述

　　小丽在售后岗位工作中,经常要处理客户的评价。客户评价是店铺信誉的重要指标,应对不同的客户评价,客服人员应采用不同的处理方式。在小丽上完本次岗位培训课后,她接到了上级领导发给她的实习任务:分别对店铺的好评、中评、差评、虚假评价这四种评价进行回复。本项目通过在订单审核之前的阶段,来学习指导客户下单及修改客户订单信息的具体操作流程和操作方法。

	任务清单
任务目标	学习客户评价的处理方式
任务分解	活动一　好评的处理方式
	活动二　中评的处理方式
	活动三　差评的处理方式
	活动四　虚假评价的处理方式
材料准备	电脑、网店管理平台
知识准备	客户评价处理知识
技能准备	网店管理平台操作

任务开始

活动一　好评的处理方式

　　客户在收到商品后,会对店铺进行评价,客户的好评可以为店铺总体的信誉分数加分。有些店铺只对中评和差评进行处理,对好评置之不顾,觉得既然客户都已经给好评了,就无需再处理了。其实不然,给好评的客户大都是对店铺的商品和服务非常满意的客户,这些客户极可能成长为店铺的老客户,根据注明的"二八定律"来看,店铺80％的销售额来自20％的老客户,也说明了老客户的重要性。

　　对客户的好评及时回复和表示感谢,例如"感谢亲对我们的支持,我们会继续努力为大家提供更好的商品和服务,也祝您生活顺利,天天开心"。

　　这样的做法,能让顾客有一种被重视、被服务的感觉,能很好地增进买卖双方的感情。

活动二　中评的处理方式

客户收到宝贝后觉得不如自己想象中的好或者质量有问题；或者顾客在收到货后觉得宝贝和图片的差距较大，感觉被店铺欺骗或者顾客想以中评威胁客服，换取店铺优惠条件。

遇到客户给中评的情况，客服应该及时沟通，了解客户给中评的原因，商议解决办法，可以通过送赠品、优惠券等方式让客户修改评价。

如果客户不愿意修改评价，客服也需要在客户评价后面进行致歉和解释，避免给其他消费者留下不好印象。

活动三　差评的处理方式

客户给差评的原因有：产品质量问题、严重不符合描述、服务态度不好、物流问题等。

遇到客户给差评的情况，客服要抱着良好的态度与客户沟通。遇到差评，客服首先需要诚恳向客户道歉，并说明情况，提出补救方案，争取客户的理解，如果客户还是不愿意修改评价，客服也要及时在客户的评价下面进行回复，解释事情发生的原因，避免给其他客户造成误解，影响店铺口碑。

案例

2007 年某日，在某购物广场，顾客服务中心接到一起顾客投诉，顾客说从商场购买的"晨光"酸牛奶中喝出了苍蝇。

该购物广场顾客服务中心负责人听到后马上前来处理，把顾客请到办公室交谈，一边道歉一边耐心地询问了事情的经过。询问重点：

1. 发现苍蝇的地点（确定餐厅卫生情况）；
2. 确认当时酸牛奶的盒子是撕开状态而不是只插了吸管的封闭状态；
3. 询问在以前购买"晨光"牛奶有无相似情况。

在了解了情况后，商场方提出了处理建议：我商场已与"晨光"牛奶公司取得联系，希望能邀请顾客去"晨光"牛奶厂家参观了解（晨光牛奶的流水生产线：生产—包装—检验全过程全是在无菌封闭的操作间进行的），并提出，本着商场对顾客负责的态度，如果顾客要求，我们可以联系相关检验部门对苍蝇的死亡时间进行鉴定与确认。

通过商场负责人的不断沟通，顾客终于不再生气了，这次投诉事件得到圆满解决。

活动四　虚假评价的处理方式

现在各种诈骗信息层出不穷，对于顾客发布在评价里的二维码、链接等，客服应该及时在追评里面做好跟踪以及提醒，以免顾客上当受骗，影响顾客对店铺印象。

遇到评价中打广告，或者发布链接、二维码的情况，客服应当及时回复，提醒其他顾客不要上当受骗。

 任务训练

对以下差评作出回复,"不会再来了,客服半天都不回应,收到商品连个纸箱都没有,就是个塑料袋包装,感觉不值这个价,而且没有评价说的那么好,好评肯定是刷的"。

 任务评价

● 自我评价

主要内容		自我评价等级(在符合的情况下面打"√")			
		全都做到了	大部分(80%)做到了	基本(60%)做到了	没做到
了解好评的处理方式					
了解中评的处理方式					
了解差评的处理方式					
自我总结	我的优势				
	我的不足				
	我的努力目标				
	我的具体措施				

● 小组评价

主要内容	小组评价等级(在符合的情况下面打"√")			
	全都做到了	大部分(80%)做到了	基本(60%)做到了	没做到
了解好评的处理方式				
了解中评的处理方式				
了解差评的处理方式				
建议				

组长签名:　　　　　年　月　日

● **教师评价**

主要内容	教师评价等级(在符合的情况下面打"√")			
	优秀	良好	合格	不合格
了解好评的处理方式				
了解中评的处理方式				
了解差评的处理方式				
评语				

教师签名：　　　　　年　月　日

项目练习

一、单项选择

1. 下面哪一项不是商家有过错的处理方式? (　　)
   A. 赔偿　　　　　　　　　　B. 给客户退货
   C. 给客户换货　　　　　　　D. 拖延时间不予处理

2. 下面哪一项是商家与客户共担责任的处理方式? (　　)
   A. 送赠品　　　　　　　　　B. 赔偿
   C. 退换货　　　　　　　　　D. 降价

3. 下面哪一项是商家无过错的处理方式? (　　)
   A. 送优惠券　　　　　　　　B. 退换货
   C. 降价　　　　　　　　　　D. 赔偿

4. 客户好评一般是因为(　　)。
   A. 商品、服务满意　　　　　B. 快递员态度好
   C. 商品价格低　　　　　　　D. 商品售后好

5. 客户好评的处理方式是(　　)。
   A. 及时回复、予以感谢　　　B. 不处理
   C. 不评价　　　　　　　　　D. 询问原因

6. 客户中评一般有几种情况? (　　)
   A. 2 种　　　　　　　　　　B. 3 种
   C. 4 种　　　　　　　　　　D. 5 种

7. 客户中评的处理方式是(　　)。
   A. 及时沟通争取理解　　　　B. 退换货
   C. 不予理睬　　　　　　　　D. 送赠品

8. 客户差评的处理方式是(　　)。

A. 及时回复、积极说明 B. 批评客户

C. 不予理睬 D. 退换货

二、多项选择

1. 负面纠纷有哪几种？（ ）

A. 商家过错 B. 客户过错

C. 共担责任 D. 都没错

2. 商家过错的处理方式有（ ）。

A. 赔偿 B. 退货

C. 换货 D. 送礼品

3. 商家与客户共担责任的处理方式不包括（ ）。

A. 送赠品 B. 赔偿

C. 退货 D. 换货

4. 商家无过错的处理方式不包括（ ）。

A. 送赠品 B. 赔偿

C. 送优惠券 D. 换货

5. 客户给予好评是因为（ ）。

A. 商品和服务满意 B. 商品价格高

C. 商品与服务和描述一致 D. 商品售后服务好

6. 客户中评的处理方式有（ ）。

A. 给客户道歉 B. 和客户沟通

C. 给客户退货 D. 给客户换货

7. 客户差评的处理方式有（ ）。

A. 说明情况 B. 及时沟通

C. 争取谅解 D. 不予理睬

8. 虚假评价的处理方式有（ ）。

A. 说明情况 B. 提醒客户

C. 不予说明 D. 不予理睬

三、判断

1. 商家有过错时可以只给客户送赠品。（ ）

2. 商家有过错时可以给客户退换货。（ ）

3. 商家和客户共担责任时可以给客户送礼品。（ ）

4. 商家无过错时可以给客户赔偿。（ ）

5. 商家无过错时可以给客户送优惠券。（ ）

6. 客户给予好评时需要回复并表示感谢。（ ）

7. 客户给予中评时可以不管。（ ）

8. 客户给予差评时直接让客户修改评价。（ ）

四、案例思考

张先生在淘宝店铺"＊＊家具"里花3 850买了一张1.8米的实木床,该店铺和张先生同在上海市。张先生把床安装好后,却出现了问题,他认为商品与卖家描述不符,便要求"不退货仅退款",即货要收下,但卖家要因为商品不符合描述,赔付600元。三天后,淘宝系统退还了张先生600元。但是,随后卖家叫上三名男子,找到张先生,要讨回600元。双方争执不下,只好报警。民警调解后,张先生退还了600元钱。

事情过去后的一个月,张先生偶然看到网上有一篇帖子,里面有自己的家庭地址、姓名和电话,帖子中还写出了张先生购床要求退款的全过程。张先生到"＊＊家具"自己的评论下面看到卖家的回复"该客户恶意退款,大家可以在(链接)查看过程"。

请分析该案例中的纠纷责任。

项目目标

- **知识目标**
1. 了解客户管理的含义；
2. 掌握客户管理的方法；
3. 学习数据管理的方法。
- **技能目标**
1. 能够对客户进行分组；
2. 能够对客户数据进行有效统计；
3. 能够对客户数据进行分析。
- **情感目标**
1. 具备客服营销意识；
2. 具备数据营销意识。

项目流程

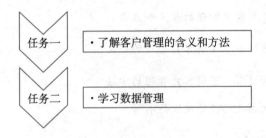

任务一 · 了解客户管理的含义和方法

任务二 · 学习数据管理

项目导读

客户关系管理是客服工作中的一个常见词,客户关系管理既是一种服务理念也是一种有效理念,它旨在为客户提供更优的消费体验,同时也为企业带来更高的销售业绩。客户关系管理主要包括客户管理和数据管理两项内容。在本项目中,我们将通过任务一和任务二来了解这两点知识。

项目实施

◇ **案例链接**

荷兰皇家航空 KLM 的 CRM

荷兰皇家航空 KLM 是世界上依旧用原有名称运营的历史最悠久的航空公司。在 2004

年,KLM 获得 Gartner 的欧洲 CRM 杰出奖。此奖表彰此航空公司把 CRM 战略性远景与务实执行相结合,把软件应用部署与文化变化相结合的能力。

KLM 从战略上聚焦到 CRM,差异化自己(让自己与竞争对手区别开)KLM 需要重新思考与客户的接触方式,在每个接触点上给予客户更加个性化和一致的体验,凸显出与众不同。KLM 的 CRM 把每次客户交互转变为优化产品购买和旅行体验的机会。通过更高的再次购买率和相对低的市场营销成本,这能够提高和维持公司的利润。CRM 的客户关系管理额数据分析帮助 KLM 为公司能够聚焦到最有价值的客户上,继续维持收入,防止业绩下滑。

任务一　了解客户管理的含义和方法

 任务描述

经过前几个项目的学习实践,小丽已经成长为一名合格的客服人员。小丽在工作中不断积极学习,在一次公司举办的培训中,她了解到客户关系管理对客服的职业成长非常重要,于是她打算通过网络和书籍,对客户关系管理进行学习。她为自己列出了第一个任务:了解客户关系管理的含义和方法。

任务清单	
任务目标	了解客户管理的含义和方法
任务分解	活动一　了解客户管理的含义
	活动二　了解客户管理的方法
材料准备	电脑,CRM 管理软件书籍
知识准备	CRM
技能准备	理论知识识记

活动一　了解客户管理的含义

客户管理也称为客户关系管理,简称 CRM,它的目标是通过提高客户的价值、满意度、赢利性和忠实度来缩减销售周期和销售成本、增加收入、寻找扩展业务所需的新的市场和渠道。

在传统的企业营销中,企业的客户关系管理涉及范围较小,比如只记录客户购买金额、购买商品等信息,而且没有专门的计算机软件的帮助,这些数据价值也没有得到发掘。

　　而 CRM 系统的出现则是帮助企业更加科学、便利地管理客户,并对客户进行精准化营销。CRM 精准营销是基于 CRM 系统的客户数据收集和分析,通过对客户数据的分析,了解客户的消费习惯和消费心理,从而制定出针对不同客户特点的营销方案。

　　CRM 系统的核心是对客户数据的管理。客户数据库是企业最重要的数据中心,记录着企业在整个市场营销与销售的过程中和客户发生的各种交互行为,以及各类有关活动的状态,并提供各类数据的统计模型,为后期的分析和决策提供支持。CRM 系统主要具备了市场管理、销售管理、销售支持与服务以及竞争对象的记录与分析等功能。

活动二　了解客户管理的方法

1. 客户分组

　　CRM 精准营销首先需要根据设定条件把客户进行分组。分组规则一般是按照客户的某种属性进行划分。例如按地区划分,可以把客户按照所在的地理区域划分成北京客户、上海客户、浙江客户;按年龄划分,可以把客户划分为青年客户、中年客户、老年客户;按性别划分,可以划分为男性客户和女性客户。划分规则根据企业具体情况设定。

　　例如,可爱多童装是天猫商城上的一家经营童装的店铺。2015 年 5 月,该家店铺打算做一次母亲节精准营销活动,这次活动需要基于 CRM 客户数据。经过商讨,店铺制定了以下分组标准。

　　营销客户:女性、购买订单数大于等于 2、平均订单价大于等于 200 元、2 个月内在店铺有过购买记录、上海地区

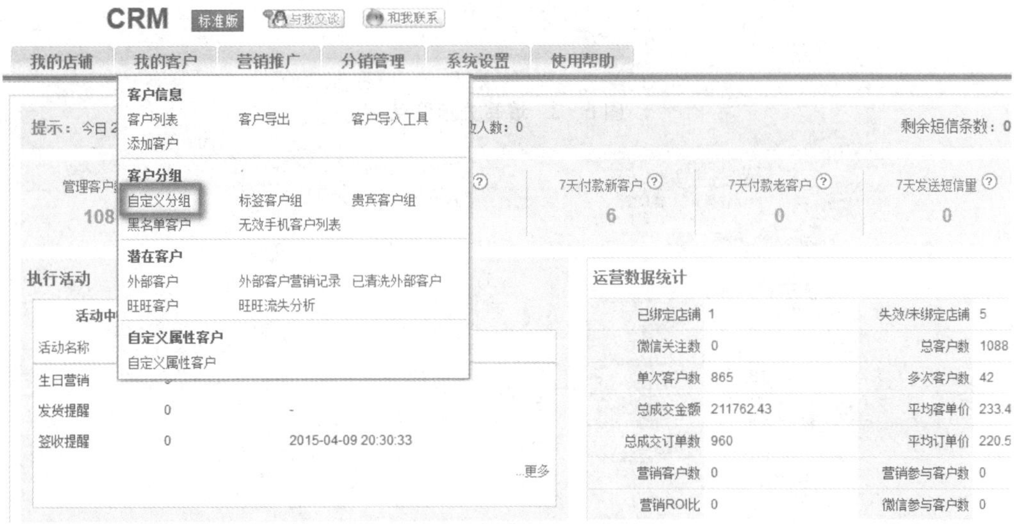

图 5-1　自定义分组

图 5 - 2　创建分组

创建分组

| 分组信息 | 购买行为 | 会员属性 | 商品范围 | 所属地区 |

店铺：　天猫官方旗舰店

分组名称：　母亲节

上级分组：　无

分组描述：　母亲节促销　　　✕

保存

图 5 - 3　填写分组信息

创建分组

| 分组信息 | 购买行为 | 客户属性 | 商品范围 | 所属地区 | 自定义属性 |

⑦ 订单总数：　大于等于 ▾ 2　　　　　⑦ 成功的订单数：　　　▾

⑦ 订单总金额：　　　▾　　　　　　　⑦ 平均订单价：　大于等于 ▾ 200

⑦ 购买频次：　　　▾　　　　　　　　⑦ 平均购买间隔：　　　▾

⑦ 购买月数：　　　▾　　　　　　　　⑦ 下单商品总数：　　　▾

⑦ 成功的订单金额：　　　▾　　　　　⑦ 成功的平均订单价：　　　▾

⑦ 未付款订单数：　　　▾　　　　　　⑦ 退款订单数：　　　▾

⑦ 退款总金额：　　　▾　　　　　　　下单时间：　晚于 ▾ 🔲2015-3-1

保存

图 5 - 4　购买行为设置

创建分组					✕

| 分组信息 | 购买行为 | **客户属性** | 商品范围 | 所属地区 | 自定义属性 |

性别： 女 ▾

积分范围： ▾

生日范围： ▾ 📅

客户等级： ▾

第一次下单时间： ▾ 📅

最后下单时间： 晚于 ▾ 📅 2015-3-1

营销次数： ▾

营销成功购买次数： ▾

保存

图 5－5　客户属性设置

创建分组					✕

| 分组信息 | 购买行为 | 客户属性 | **商品范围** | 所属地区 | 自定义属性 |

商品名称： ▾ 货号： 范围： 手动选择 ▾ 搜索

☐	序号	货号	商品名称↑	商品价格
☐	1	X14-011	2014朝新款童装儿童运动裤子纯棉男女童长裤春秋装休闲婴儿裤子	98.00
☐	2	X14-046	2014酷贝 新款宝宝衣服 春秋纯棉开档新生儿秋衣爬爬衣哈衣	176.00
☐	3	14-019	coolboy 14春秋新款 宝宝上衣外套女童婴儿衣服新生童装0-1岁	138.00
☑	4	12-123	coolboy 宝宝枕头新生儿初生婴儿丝棉枕头 0-1岁夏季小枕头 可爱	29.00
☐	5	12-025	coolboy 春秋季男女宝宝纯棉长袖连体衣/婴儿爬服背带裤外套套装	196.00
☐	6	14-015	儿童春装长款婴儿连体衣爬行服哈衣宝宝衣外出服连身衣春秋长爬长袖	132.00
☐	7	12-004	品牌正品 公主宝宝纯棉长袖带帽连体衣组合套装婴儿长爬 酷贝	276.00
☐	8	12-003	品牌正品 新生儿宝宝纯棉长袖连体衣组合套装婴儿长爬男 酷贝	296.00
☐	9	12-002	品牌正品 新生儿宝宝纯棉长袖连体衣组合套装婴儿长爬男 酷贝	176.00
☐	10	X14-048	婴儿内衣 保暖衣套装加厚宝宝衣服 春秋纯棉两用开档新生儿秋衣	208.00

上一页 下一页 全选 清空　　　　　　　　　　　　　　　　　　　　　　第 1/7 页

保存

图 5－6　商品范围设置

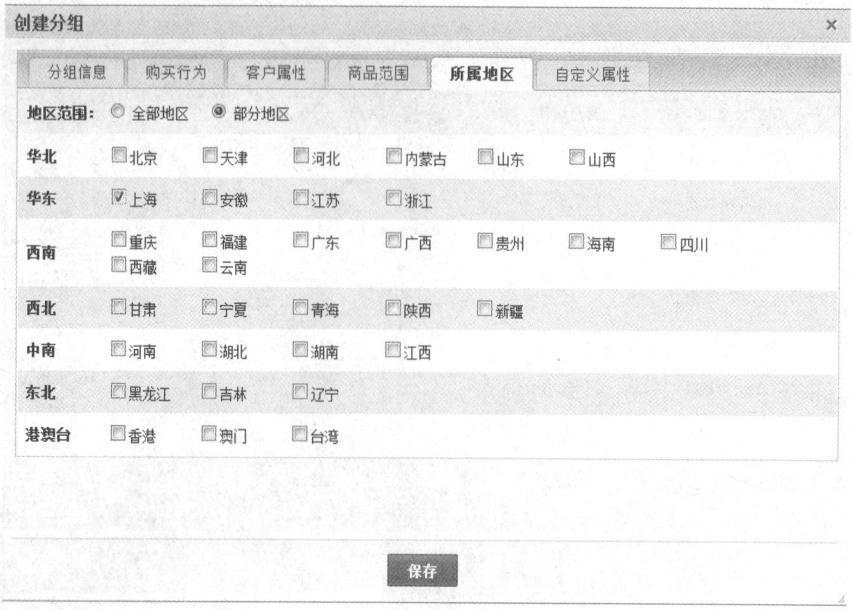

图 5-7　所属地区设置

① 如图 5-1,登录 CRM 系统首页,点击"我的客户",选择"自定义分组"

② 如图 5-2,点击"创建分组"。

③ 如图 5-3,填写分组名称"母亲节",分组描述"母亲节促销"。

④ 如图 5-4,购买行为设置中:订单总数选择"大于等于 2",平均订单价选择"大于等于 200",下单时间选择"晚于 2015-3-1"。

⑤ 如图 5-5,客户属性设置中:性别选择"女",最后下单时间选择"晚于 2015-3-1"。

⑥ 如图 5-6,商品范围设置中:勾选新生儿枕头的所有商品。

⑦ 如图 5-7 所属地区设置中:勾选"部分地区",再在下方地区选项中勾选"上海",点击保存,这样一个目标客户组就分好组了。

为了方便企业能比较快捷地进行营销活动,CRM 系统为管理者提供了快短信营销和邮件营销。管理者可以直接选择企业客户管理中的客户分类,对某一类别客户进行营销活动。

2. 客户营销

（1）短信营销

短信营销是指企业通过短信的形式给客户手机发送企业信息,例如促销信息、活动信息、关怀信息等,吸引客户关注企业或购买商品,从而达到营销的目的。手机短信息营销的宗旨就是为了企业发展、节约开支、提高效益而产生的,它可将"产品报价""节日问候""客户回访"等相关信息发布到客户的手机上,为企业树立品牌形象或占有市场创造无限商机,也为企业大大降低广告开支。

短信营销的优势:

① 目标明确。短信是直接发送到目标客户的手机上,发送选择适合自己产品的目标客户,使推广更加有效。

② 精确性。直达接收者手机,一对一传递信息,客户的短信阅读率高。

③ 速度快。传播不受时间和地域限制,保证最新更改信息在最短的时间内传播给客户。

④ 成本低。短信发送成本低,降低宣传成本,投资更少。

⑤ 蔓延性。接收者可将信息随身保存,随时咨询广告主,需要时可反复阅读。

⑥ 灵活性。发布的时间可灵活掌握,甚至具体到某个具体的时间段内发布。

例如,＊＊企业专卖店是京东商场上＊＊品牌折扣店,2017 年五一劳动节前夕,企业为更好地维系客户,打算通过短信的方式提醒老客户,登录商城首页可以领取礼品和优惠券,以此吸引客户进行消费。下面我们就通过该企业的短信营销方式,学习如何在 CRM 系统汇总设置短信营销。

图 5-8　营销模型

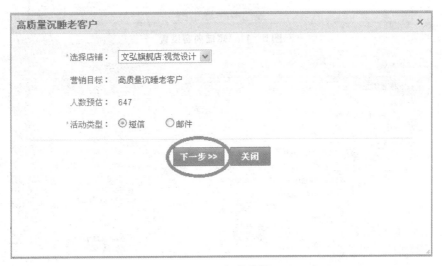

图 5-9　短信营销

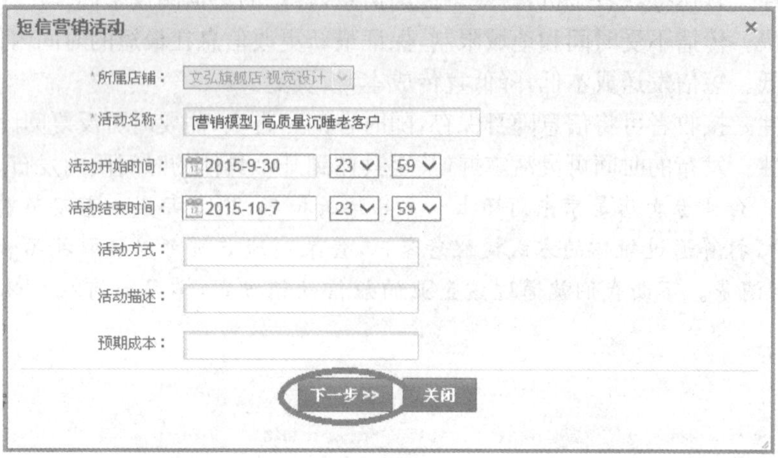

图 5-10　活动时间设置

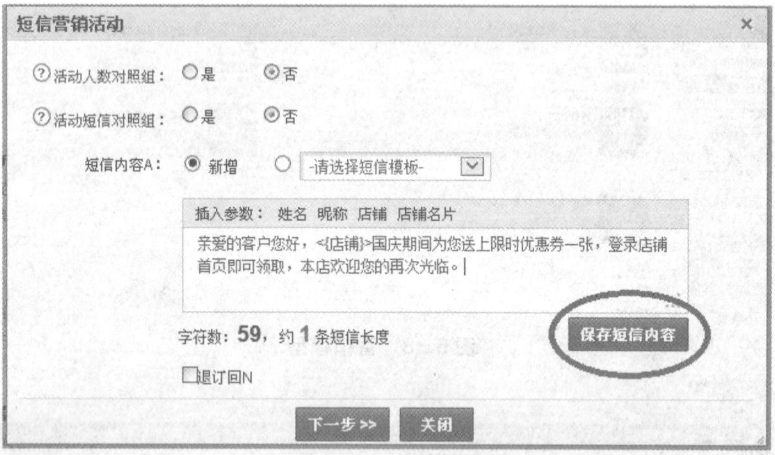

图 5-11　短信内容设置

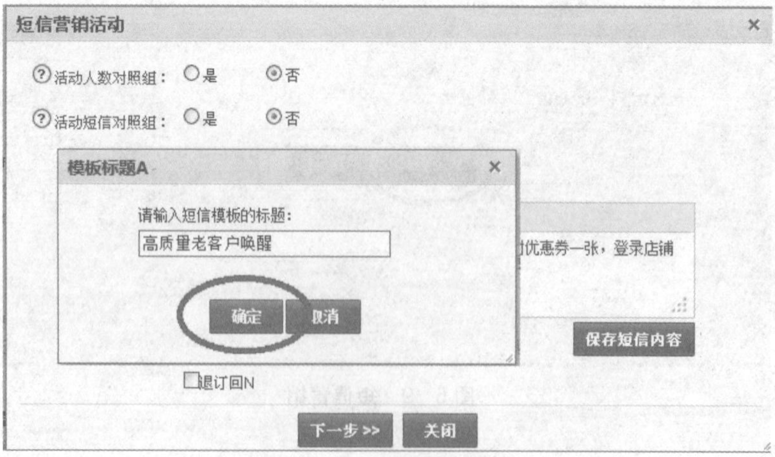

图 5-12　保存短信模板

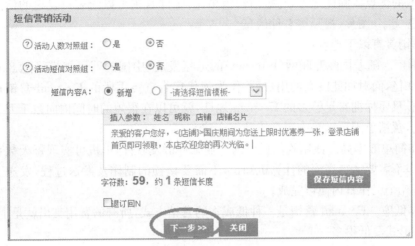

图 5 - 13　下一步

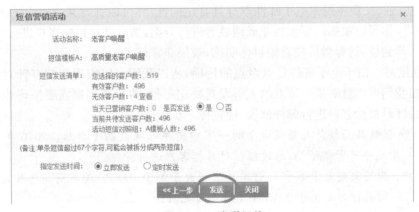

图 5 - 14　发送短信

① 如图 5 - 8,登录 CRM 系统,点击"营销推广——基础营销模型——高质量沉睡老客户"

② 如图 5 - 9,选择以"短信"的方式来进行营销活动,点击"下一步"。

③ 如图 5 - 10,填写好活动时间、活动方式、活动描述、预期成本等信息后点击"下一步"。

④ 如图 5 - 11,短信内容选项选择"新增",在文本框中输入需要发送给客户的短信内容。点击"保存短信内容"。

⑤ 如图 5 - 12,在弹出的保存短信模板对话框中输入短信模板标题"高质量老客户唤醒",点击"确定"。

⑥ 如图 5 - 13,保存好短信模板后,点击"下一步"。

⑦ 如图 5 - 14,在指定发送时间选项中选择"立即发送",然后点击"发送",这样一个短信营销活动就设置成功了。

（2）邮件营销

邮件营销是指企业以电子邮件的方式,向客户邮箱发送营销邮件。邮件营销也具有便捷、快速、成本低的优点。除此之外,与短信营销相比,邮件营销可以给客户发送的信息内容更丰富,可以包含文字、图片、视频等多种信息。

邮件营销具有以下特点:

① 范围广。随着国际互联网(Internet)的迅猛发展,中国的网民规模已达 8.02 亿,全球已经超过 40 亿,面对如此巨大的用户群,作为现代广告宣传手段的 E - mail 营销正日益受到人们的重视,只要你拥有足够多的 E - mail 地址,就可以在很短的时间内向数千万目标用户发布广告信息,营销范围可以是中国全境乃至全球。

② 操作简单效率高。使用我们提供的专业邮件群发软件,单机可实现每天数百万封的发信速度,操作不需要懂得高深的计算机知识,不需要繁锁的制作及发送过程,发送上亿封的广告邮件一般几个工作日内便可完成。

③ 成本低廉。E - mail 营销是一种低成本的营销方式,所有的费用支出就是上网费,成本比传统广告形式要低得多。

④ 应用范围广。广告的内容不受限制,适合各行各业,因为广告的载体就是电子邮件,所以具有信息量大、保存期长的特点,具有长期的宣传效果,而且收藏和传阅非常简单方便。

⑤ 针对性强、反馈率高。电子邮件本身具有定向性,你可以针对某一特定的人群发送特定的广告邮件,你可以根据需要按行业或地域等进行分类,然后针对目标客户进行广告邮件群发,使宣传一步到位,这样做可使营销目标明确,效果非常好。

⑥ 精准度高。由于电子邮件是点对点的传播,所以我们可以实现非常有针对性,高精准的传播,比如我们可以针对某一特点的人群发送特定邮件,也可以根据需要按行业、地域等进行分类,然后针对目标客户进行邮件群发,使宣传一步到位。

例如,＊＊保健品店铺是天猫商城上的一家中老年人保健品专卖店。2016 年 6 月,该家店铺打算做一次端午节营销活动,通过短信对目标客户进行营销。

营销客户:购买次数大于等于 1;订单总金额大于等于 100 元;购买商品总数大于等于 1;

购买行为发生于 2016 年 1 月 1 日之后;

积分大于等于 1;

购买过"蜂胶胶囊 120 粒装、鱼油 200 粒装、预售深海鱼油 200 粒装"这三款产品。

邮件内容:文字＋图片＋购买链接

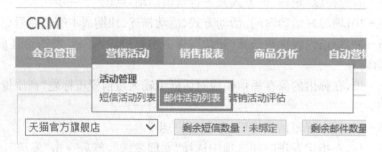

图 5 - 15　邮件活动列表

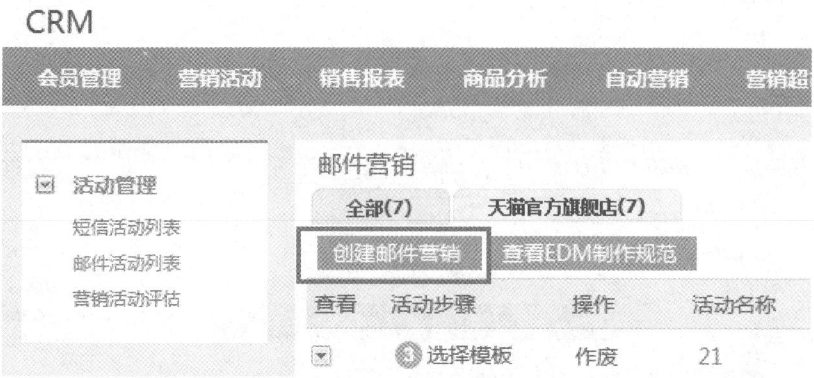

CRM

| 会员管理 | 营销活动 | 销售报表 | 商品分析 | 自动营销 | 营销超 |

活动管理
- 短信活动列表
- 邮件活动列表
- 营销活动评估

邮件营销

| 全部(7) | 天猫官方旗舰店(7) |

创建邮件营销　查看EDM制作规范

查看	活动步骤	操作	活动名称
⊡	❸ 选择模板	作废	21

图 5-16　创建邮件营销

创建活动　✖

*所属店铺：	天猫官方旗舰店 ∨
*活动名称：	重阳节促销
活动开始时间：	2016-10-8
活动结束时间：	2016-10-11
活动方式：	
活动描述：	
预期成本：	

下一步 ≫　关闭

图 5-17　填写活动信息

创建活动　✖

| 购买行为 | 会员属性 | 商品范围 | 所属地区 |

⑦ 购买次数： 大于等于 ∨ 1

⑦ 订单总金额： 大于等于 ∨ 100

⑦ 平均购买周期
（天）： ∨

⑦ 购买商品总数： 大于等于 ∨ 1

最后下单日期： 晚于 ∨ 2016-1-1

≪上一步　下一步 ≫　预估　关闭

图 5-18　购买行为设置

图 5-19 会员属性设置

图 5-20 商品范围选择

图 5-21 所属地区选择

图 5-22　编辑邮件内容

图 5-23　发送邮件

① 如图 5-15,登录 CRM,点击"营销活动——邮件活动列表"。

② 如图 5-16,在邮件活动列表中,点击"创建邮件营销"。

③ 如图 5-17,输入活动名称。

④ 如图 5-18,在弹出的活动创建页面中,购买次数选择"大于等于",输入次数"1";订单总金额选择"大于等于",输入金额数"100";购买商品总数选择"大于等于",输入数字"1";在最后下单时间选择晚于"2016-1-1"。

⑤ 如图 5-19,会员属性中选择积分范围"大于等于 1"。

⑥ 如图 5-20,商品范围中勾选"商品"。

⑦ 如图 5-21,在所属地区设置中选择"全部地区"。

⑧ 如图 5-22,编辑好邮件内容,点击"下一步"。

⑨ 如图 5-23,在弹出的活动确认页面点击"发送",邮件发送成功。

在 CRM 系统中设置一项客户分组,并对该组客户进行营销。

- 自我评价

主要内容	自我评价等级(在符合的情况下面打"√")			
	全都做到了	大部分(80%)做到了	基本(60%)做到了	没做到
了解客户管理的含义				
理解客户分组的意义				
掌握客户营销的方法				
自我总结 我的优势				
我的不足				
我的努力目标				
我的具体措施				

- 小组评价

主要内容	小组评价等级(在符合的情况下面打"√")			
	全都做到了	大部分(80%)做到了	基本(60%)做到了	没做到
了解客户管理的含义				
理解客户分组的意义				
掌握客户营销的方法				
建议				

组长签名: 年 月 日

- **教师评价**

主要内容	教师评价等级(在符合的情况下面打"√")			
	优秀	良好	合格	不合格
了解客户管理的含义				
理解客户分组的意义				
掌握客户营销的方法				
评语				
	教师签名：　　　年　月　日			

任务二　学习数据管理

 任务描述

　　小丽在学习完客户关系管理的相关知识后,她了解到在电商企业的客户关系管理中,数据是非常重要的一个因素,数据统计和分析可以为企业的有效决策提供有力的支持。于是,小丽开始通过书籍、互联网学习客户关系管理中的一些数据。

任务清单	
任务目标	学习客户管理中的几项数据的计算
任务分解	活动一　客服销售数据
	活动二　咨询转化率数据
	活动三　客单价数据
	活动四　商品退款率
材料准备	电脑
知识准备	数据收集、数据计算
技能准备	理论知识识记、数据计算

活动一　客服销售数据

客服销售数据包括客服销售额和客服销售量两项数据。

① 销售额：通过本客服服务成交的客户，在所选时间内付款的金额。

② 销售量：通过本客服服务成交的客户，在所选时间内付款的商品件数。

销售额是所有订单金额相加的总额，销售量是所有订单商品件数相加。销售数据是了解一个店铺经营情况最直观的数据，通过与上期销售数据的对比，可以了解店铺的销售状况。

例如，某网上服饰店铺的 2018 年 7 月的销售额为 509 752 元，销售量为 5 864 件，2018 年 8 月的销售额为 729 752 元，销售量为 1 864 件，可以从这 2 个月的销售数据看出，店铺的销售额是在增长的，但销售量却是下降的，说明销售额增加的原因与商品单价增加有关。

中国平安的数据营销

中国平安旗下拥有众多的品牌和产品，覆盖金融及生活服务的各个方面，如何利用互联网巩固发展自己的行业地位？提升广告营销效率？完善发展创新金牌品牌？成为互联网营销新的课题——360 拥有海量的用户和行为链大数据，挖掘出契合中国平安旗下不同产品的用户扩大品牌价值，提升营销 ROI，360 拥有海量的用户基数，PC 覆盖 5 亿用户，我们的用户更是当下最会玩互联网的一群人，他们是最愿意尝鲜、最紧跟潮流、最中坚的购买力量。

从奇虎 360 大数据中，分析筛选出中国平安目标用户的属性和行为特质，从而为精准筛选用户建立数据基础：①从不同数据维度，评判中国平安品牌在品牌影响力方面与竞争对手的差异；②对不同细分行业产品进行深度分析，研判其营销策略与方向；梳理平安核心用户在 360 营销产品体系下的行为路径，应对前期数据分析结论，实施精准营销。

活动二　咨询转化率数据

客服在接待客户后，有的客户可能当日或者次日就会完成购买，也有些客户可能过几天才会购买，这两种情况时间节点不同，但都属于客服的转化。

咨询转化，就是指把咨询客户变成购买客户。客服通过服务让客户在店铺进行购买，购买的客户越多，转化率也就越高。咨询转化率就是衡量客服转化能力的一项数据。

咨询转化率的计算公式如下：

- 询单→最后付款成功率：最终付款成功率＝最终付款人数÷询单人数（该数据须延迟 4 天统计）
- 询单→次日付款成功率：次日付款成功率＝当日或次日付款人数÷询单人数（该数据须延迟 1 天统计）

例如，2018 年 7 月 8 日，某网店在对客服小丽进行周绩效考核时，统计出小丽本周的询单人数共 20 971 人,其中在 4 天内完成付款的人数有 17 036 人,在当日或次日完成付款的人数有 10 862 人。那么小丽的咨询转化率如下:

最终付款成功率 = 最终付款人数 ÷ 询单人数 = 17 036 ÷ 20 971 × 100% = 81.24%

当日或次日付款成功率 = 当日或次日付款人数 ÷ 询单人数 = 10 862 ÷ 20 971 × 100% = 51.80%

案例分析:上述案例中,小丽本周的最终转化率为 81.24%,当日或次日转化率为 51.80%。说明小丽接待的客户里面有 51.80% 能在咨询当日或者次日完成付款,还有 29.44% 的客户在犹豫一段时间后也会完成付款,小丽的最终转化率为 81.24%。

活动三　客单价数据

客单价是指企业每一个顾客平均购买商品的金额,也即是平均交易金额。

客单价:通过本客服服务成交的客户,平均每次购买商品的金额

本客服客单价 = 本客服销售额 ÷ 本客服销售人数

例如,某企业 2015 年 6 月的销售总额为 276 820 元,成交的客户数量为 1 858 人,那么该企业 6 月份的客单价为 276 820 ÷ 1 858 = 148.99 元。

由客单价的计算公式我们可以看出,企业的销售额是由客单价和顾客数(客流量)所决定的,因此,要提升企业的销售额,除了尽可能多地吸引客流,增加顾客交易次数以外,提高客单价也是非常重要的途径。

在企业的日常经营中,影响入店人流量、交易次数和客单价的因素有很多,如企业营销推广方式、企业服务质量、企业产品、交易流程等。

活动四　商品退款率

商品退款率是指企业退款商品与售出的商品的比率。商品退款率的计算式如下:

商品退款率 = 退款商品件数 ÷ 销售商品件数 × 100%

客户在收到商品后,有时会因为不喜欢、商品质量问题、不想要了等原因想要退货退款。商品退款率也是衡量网店运营质量的一个重要指标。

例如,2018 年 8 月底,某母婴用品线上销售企业在进行月销售盘点时,统计出 8 月份共销售 ＊＊牌奶粉 17 937 件,其中有 91 件商品申请退款并退款成功。那么该月的退款率为:

退款商品件数 ÷ 销售商品件数 × 100% = 91 ÷ 17 937 × 100% = 5.08%

由商品退款率的计算公式我们可以看出,商品退款率与退款商品数和销售总数两项数据相关,要降低商品退款率,可以从减少退款商品数和提高商品销售量着手。

任务训练

登录 CRM 系统,查看店铺客服的工作数据,并统计出每位客服的咨询转化率、客单价、退款率数据。

 任务评价

● 自我评价

主要内容	自我评价等级（在符合的情况下面打"√"）			
	全都做到了	大部分（80%）做到了	基本（60%）做到了	没做到
了解客服销售数据的种类				
了解转化率和客单价计算				
了解商品退款率的计算				
自我总结 我的优势				
我的不足				
我的努力目标				
我的具体措施				

● 小组评价

主要内容	小组评价等级（在符合的情况下面打"√"）			
	全都做到了	大部分（80%）做到了	基本（60%）做到了	没做到
了解客服销售数据的种类				
了解转化率和客单价计算				
了解商品退款率的计算				
建议				

组长签名：　　　年　月　日

● 教师评价

主要内容	教师评价等级（在符合的情况下面打"√"）			
	优秀	良好	合格	不合格
了解客服销售数据的种类				
了解转化率和客单价计算				

续表

主要内容	教师评价等级(在符合的情况下面打"√")			
	优秀	良好	合格	不合格
了解商品退款率的计算				
评语				
		教师签名：　　　　年　月　日		

项目练习

一、单项选择

1. 下面哪一项是客户关系管理的缩写？（　　）
   A. RBM　　　　　　　　　　B. KPI
   C. CRM　　　　　　　　　　D. MBA

2. 下面哪项是短信营销的特点？（　　）
   A. 虚拟性　　　　　　　　　B. 保值性
   C. 目标明确　　　　　　　　D. 固定性

3. 下面哪一项是邮件营销的特点？（　　）
   A. 确定送达　　　　　　　　B. 固定性
   C. 一对一　　　　　　　　　D. 价格低廉

二、案例思考

某电商企业 2018 年 9 月份的几项销售数据如下所示：

销售额　987 515

销售量　2 097

退款量　32

客服接待人数　98 126

当日/次日购买人数　23 075

最终购买人数　45 342

请计算该店铺的最终咨询转化率、客单价、商品退款率。

项目目标

- **知识目标**

1. 了解微店的含义和营销途径；
2. 了解微店客服与传统客服的相同点；
3. 了解微店客服与传统客服的不同点。

- **技能目标**

1. 能够掌握微店客服的服务方法；
2. 能够使用微店工具对客户进行服务。

- **情感目标**

1. 具备客服人员的移动营销意识；
2. 培养举一反三的学习能力。

项目流程

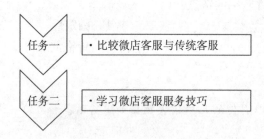

项目导读

本项目中,我们将学习电商客服中的另一种类型——微店客服,微店客服在很大程度上与电商客服相似,所以我们不比较两者,而是通过与传统客服的比较,了解微店客服的相关知识。

项目实施

◇ **案例链接**

大学生创业开微店

浙江经贸职业技术学院的一名学生,就开了这么一家传说中的"微店"。他的微店主要做鲜花生意。人气很旺,每个月的营业额都超过 13 万。

这名学生叫蒋灵,是浙江经贸职业技术学院国贸系大三学生。

蒋灵说，在微博和微信上开店，听起来有点意思，有点好玩。但如果没有专业的交易平台和恒心，真正做起买卖来没那么简单。

为什么这家花店生意如此火爆？蒋灵神秘地说，店里的花很特别，除了出售一小部分鲜花，主营"永生花"。

永生花也叫保鲜花、生态花，使用玫瑰、康乃馨、蝴蝶兰、绣球等品类，经过特殊工艺处理过的鲜花。无论是色泽、性状、手感几乎与鲜花无异，它保持了鲜花的特质，且颜色更为丰富、用途更广、保存时间至少 2 年。

鲜花的"寿命"短，很多顾客因为担心鲜花枯萎速度过快。蒋灵说，今年永生花的预订量出奇地好。除了之前高温因素使得永生花热卖外，各大节日的到来也是原因之一。

在蒋灵的微博上看到，店内永生花以盒销售，单价平均 650 元一盒，颜色、款型多达十种。有些包装特别精美的礼盒价格较贵，从 750 元到上千元不等。在他开店不到一个月，营业额已经达到 13 万元。

开微店，从微博里获得的灵感

说起自家花店的诞生，蒋灵说完全出于偶然。当时，正值情人节，蒋灵想买一束花送给喜欢的女孩，可是买鲜花又显得普通，于是他就上微博搜索，当时，搜到上海的一家专门卖永生花的店，当从微博里看到永生花的图片时，蒋灵瞬间被吸引了。

他私信联系博主，想订一盒 700 元的永生花。没想到博主回复说，已经订满了，要情人节过后才能到货。蒋灵很失望，但回头想了想，为什么有那么多人喜欢永生花，这花到底有什么魅力？

"我马上就上网搜索永生花的资料，发现这种花和鲜花差不多，而且保质期有 2 年。跟鲜花一样，它也需要后期的搭配。"于是蒋灵就想着自己能不能也试着开一家这样的花店，专门开在微博和微信上，既节省了店租，又满足了自己的兴趣。

蒋灵又在国外的一些网站上搜索永生花的相关资料，他说，在日本和中国台湾地区，永生花做得非常好，销售很火爆，他们整体制作的工艺非常精致，通过一段时间的摸索，蒋灵联系了供应商，慢慢地把店开了起来。

一开始，花店的运营全靠他一人来做，客服、花材搭配、送货等。直到最近，实在忙不过来了，所以，他成立了一个工作室，招了 3 名员工，2 名客服、1 名工艺师。

"我微博和微信里的粉丝没有僵尸粉。"蒋灵说，顾客通过微博和微信认识他的花店，很多顾客都是回头客，有些新客人也都是老客户介绍的。

这样一传十十传百，他的花店渐渐地被大家熟知。现在不仅仅是杭州的顾客，从蒋灵的微信朋友圈里可以看到，有很多顾客都来自省外。

"永生花保质期长，所以完全可以快递。"蒋灵统计过，月订单中有一半是来自省外顾客。

蒋灵做的花很特别，主要因为他用的材料很特别。"我用的花材是有固定的进口商提供的，我也会每天去市场挑些独特的花材做配饰，比如风车果、桉树果、绣球等。"

蒋灵店里的 7 种款式花盒，都有自己独特的名字。其中，以"最初"的销售量最大。

"这盒花没有太多雕琢的气息，自然得犹如刚从园子中采摘回来一般，所以取名'最初'。"蒋灵说，这种独特的风格，也受到了粉丝的认可，预订的人特别多。

"微店"下单，提供多种方式。在淘宝上买东西，收货地址都是记录在案，不需要再填。不过，客人在微博微信上买花，收货地址就得另外来填。付款也是一样，无论是用支付宝，还是其他支付方式，都没有现成的界面来实现。

那么,这位年轻的小老板又是怎样和顾客沟通下单呢?

蒋灵说,他之前在淘宝上开过店,专售潮牌衣服,为了有个公正的平台交易,他索性把花店和衣服店融合在一起,这样一来,方便与顾客沟通,还提供了下单平台。

"微店"生意火红,蒋灵并不骄傲,他说,这只是他创业的第一步,接下来他要把花店的规模扩大化,不但在网上做,预计要在杭州开一家实体店。

"蒋灵创业的成功不是偶然,他的学习成绩也一直名列前茅,他善于应用自己的专业融入创业,这是一个很好的方式。"来自浙江经贸职业技术学院国贸系党总支书记沈银珍教授说,近年来系里不仅鼓励和支持个别优秀的同学创新创业,更重要的工作是把"企业家精神"融入全系学生的课堂和课外教学中,特别是吃苦耐劳、创新改革的精神。

随着电商营销模式的发展,很多传统行业完成转型,实现"互联网+"新经营模式。近几年,一种基于移动网络和移动智能设备的新营销模式出现了,那就是移动营销。微店就是移动营销的代表。接下来,我们将通过小丽的经历来了解微店客服。

任务一　比较微店客服与传统客服

在日常生活中,小丽也是一个网购达人,现在她越来越喜欢通过手机来进行网购,因为比较方便。在工作中,小丽所在的企业也开通了自己的微信公众号,建立了微商城。为此,公司还特地举办了一次微店培训课程,为客服开展培训学习,小丽也开始了自己的学习任务:比较微店客服和传统客服。

任务清单	
任务目标	了解微店含义、比较微店客服和传统客服,在比较中学习微店客服的相关知识
任务分解	活动一　了解什么是微店
	活动二　微店客服与传统客服的相同点
	活动三　微店客服与传统客服的不同点
材料准备	互联网、书籍
知识准备	电子商务行业知识
技能准备	理论知识识记

活动一　了解什么是微店

随着时代的变迁,移动互联网时代蓬勃发展。各种微店犹如雨后春笋一般随处可见。这是一种新时代的商机。

微店是借助移动互联网进行的一种营销方式,通过智能手机或者 IPAD 这种移动终端设备就可以实现营销。

微店的营销方法包括:

1. 微店 APP

图 6-1　微店

卖家通过下载"微店"APP,就可以在手机上实现商品编辑、一键发送好友、一键转发微信朋友圈、微信收款、销售管理、统计分析等功能。在微店 APP 中还可以把店铺和商品分享到朋友圈、空间、微博等社交媒体。微信分享后产品链接会出现在微信账号的朋友圈,朋友可分享推广。

2. 微信公众平台

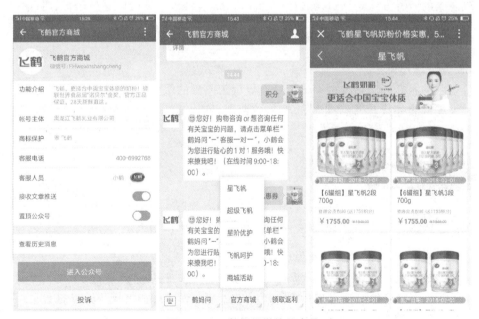

图 6-2　飞鹤奶粉微信公众号

企业需要先到微信平台注册微信公众号并认证,再注册自己的服务器,服务器提供商有很多可供选择,拥有自己的服务器后绑定微信公众号并登录服务器后台进行管理。用户可以通过关注企业的公众号,在公众号中进行信息查询、商品购买等活动。

活动二　微店客服与传统客服的相同点

尽管微店客服和传统客服属于客服的不同分类,但是在本质上它们还有很多相同点。

1. 目的相同

传统客服和微店客服都是通过服务促进企业的商品销售,为客户提供良好的消费体验。

2. 销售话术相同

传统客服通过语言向客户传递信息,这就需要用到很多客服话术,这些话术在微店客服的工作中也同样适用,例如"您好,有什么可以帮助您的?""谢谢惠顾,欢迎您下次再来""非常感谢您的支持"等,这些话术在微店客服的日常工作中也会被用到。

活动三　微店客服与传统客服的不同点

1. 服务媒介不同

传统客服是通过与客户亲自接触,通过面对面的交流,观察客户的表情动作,听取客户语言表述来对客户进行具体的服务;而微店客服是通过互联网和智能终端对客户进行服务。

2. 服务方式不同

传统客服的服务方式是通过与客户的面对面交流,客服人员可以通过语言、语气、表情、动作等要素对客户进行展示、讲解、答疑等;而微店客服则是通过电脑打字或语音对客户进行服务。

3. 服务理念不同

传统客服的服务理念是一种以传统行业流程为基础的服务理念,在传统的客户方法中,客服是一种被动的服务状态,服务形式也比较单调。微店客服则是基于创新、主动的服务理念的一种服务。

知识加油站

微信成功案例之招商银行信用卡

1. 利用"漂流瓶"活动增大粉丝量

招商银行发起过一个微信"爱心漂流瓶"的活动:微信用户用"漂流瓶"功能捡到招商银行漂流瓶,回复之后招商银行便会通过"小积分,微慈善"平台为自闭症儿童提供帮助。根据观察,在招行开展活动期间,每捡10次漂流瓶基本上便有一次会捡到招行的爱心漂流瓶,此活动作用在于积累粉丝量,推广招行微信营销的知名度。

2. 利用碎片化时间提高用户体验

目前银行的服务系统分为电话客服、网上银行,或者邮件三大系统。无论哪一个,都非常被动和繁琐。

招行的微客服,可以越过中间繁琐的流程,直接输入用户需要咨询的信息便可及时得到回复,这一过程可能只需要 20 秒,而这 20 秒还是碎片时间,随时随地都可以办理。另一方面招行微客服流程是通过人机智能互动技术来实现的,机器的准确性是一般客服人员无法达到的,可以做到"便捷、快速、准确",如果将这三个词做到了极致,便会提高平台的用户黏性。

3. 微客服节省招行人力成本

银行普通客服流程一般分为电话服务和柜台服务两种方式。电话服务为一对一方式,也就是说,一个银行客服人员在同一时间内只能处理一个客户的来访电话,通话结束后才能自己转接下一个客户的来访电话。然而服务过程中会存在众多客观原因,如客户由于陈述不清或者方言等问题会延长单位服务的时间。

微客服方便之处在于:用户在微信服务号上输入自己所要咨询的问题,或文字输入或语音输入,招行微客服可以同时接收来自各方的信息,做到及时回复,节省了客户和招行客服人员双方时间。

微信成功案例之南方航空

1. "以客户为中心"的一站式微信服务体系

2009 年南航从"以产品为中心"向"以客户为中心"转型,分解一个旅客出行的 12 个关键步骤:制定旅行计划—订座出票—值机—两舱服务(头等舱、商务舱)—机舱服务—行李服务—到酒店—酒店入住—离开酒店—到机场—值机—个性化互动,再到下次旅行计划。而微信的出现可以有效完善这个服务链,通过以客户为中心的沟通和服务方式,南航微信平台不断开发差异化产品、提供个性化服务和优质的服务体验。

2. 界面简洁清晰

打开南航的微信平台主页,共有六个部分:"优惠机票""明珠会员""办理值机""度假预定""航班动态"和"查询红包优惠券",还有一个菜单列对应你的需求。三个菜单下面还有不同的子菜单,共 12 项服务,包括微信办理登机牌、会员服务、航班动态查询,以及通过输入航班号和航班日期在微信中查询客舱遗留物品详情等。今后只要绑定南航微信公众号,乘坐南航班机时,就可获取南航微信推出的购票通知、值机邀请、航班动态等全流程服务。

3. 微信办理航班服务

南航微信用户只要手机登录,即可随时随地办理机票预订、办理登机牌、航班动态查询、里程查询与兑换、出行指南、城市天气查询、机票验证,这些之前只能通过线下才能够享受到的服务,微信平台实现了用户与南航的即时互动。

4. 支持语音查询

南航服务支持文字和语音查询。微信公众平台上,通过语音输入查询信息,便会智能回复相应的内容,可以让公众平台与普通用户进行便捷的互动,对于个人用户,由于语音识别技术的进步,边说边转化为文字也会极大的提高文字输入的效率,增加人机互动,真正达到了智能互通的程度。

微信成功案例之 7 天连锁酒店

1. 提升用户客服体验

相较于招行微客服产品,酒店行业因其业务特殊性并不能完全依赖机器人应答,更多还是

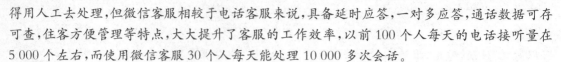
得用人工去处理,但微信客服相较于电话客服来说,具备延时应答,一对多应答,通话数据可存可查,住客方便管理等特点,大大提升了客服的工作效率,以前100个人每天的电话接听量在5 000个左右,而使用微信客服30个人每天能处理10 000多次会话。

2. "7天约稿"增加用户互动

对于大多数品牌商来说,微信运营的一个关键是如何以用户更愿意接受的方式向其传递信息,除了被动接受信息,用户主动贡献内容也是微信运营的另一个方向。7天的招数就是向用户约稿,增加微信用户参与度。

年轻人喜欢玩,喜欢分享,微信约稿让用户互动的活跃度居高不下。另外,移动端本来适合阅读,而微信公众号的一个特色也在于订阅,有很强的阅读属性。同时为了更有效地激励用户投稿,7天对投稿用户给予5 000积分的奖励。

3. 人性化纯文字自动回复

多数微信公号回答用户日常疑问的自动回复是图文消息,而7天则采用纯文字方式回复。

① 纯文字回复速度快,相比图文消息,还有一个加载过程;

② 纯文字回复直观,直接把答案说出来,不需要阅读图文再体会其中意思;

③ 纯文字回复更适合人与人的交流,拉近酒店与顾客的关系。

4. 微信支付一键订房

微信用户只要关注7天连锁酒店官方微信公众账号"7天会",然后在"我的银行卡"里点击"添加银行卡"绑定微信支付,就可以直接通过"7天会"在微信里一键搜索心仪分店,并完成订房、支付。整个购买流程全程只需要5秒钟,订房支付一步搞定。使用微信支付预付房费,房间可保留整晚,而平常最晚只保留到20点。

 任务评价

- 自我评价

主要内容	自我评价等级(在符合的情况下面打"√")			
	全都做到了	大部分(80%)做到了	基本(60%)做到了	没做到
了解微店的含义				
理解微店的营销方法				
掌握微店客服的特点				
自我总结	我的优势			
	我的不足			
	我的努力目标			
	我的具体措施			

- **小组评价**

主要内容	小组评价等级(在符合的情况下面打"√")			
	全都做到了	大部分(80%)做到了	基本(60%)做到了	没做到
了解微店的含义				
理解微店的营销方法				
掌握微店客服的特点				
建议				
			组长签名：　　年　月　日	

- **教师评价**

主要内容	教师评价等级(在符合的情况下面打"√")			
	优秀	良好	合格	不合格
了解微店的含义				
理解微店的营销方法				
掌握微店客服的特点				
评语				
			教师签名：　　年　月　日	

任务二　学习微店客服服务技巧

 任务描述

　　通过任务一的学习，小丽已经掌握了微店的基本知识。但是要做好微店客服还需要掌握一定的工作技巧。在公司的培训学习课程结束之后，小丽接到上级领导分配给她的一项任务：学习商品导购话术法则和设置自动回复的技巧。导购话术可以帮助客服销售更多的商品，而自动回复设置技巧可以帮助客服留住更多的客户。

任务清单	
任务目标	了解商品卖点导购法则和自动回复设置技巧
任务分解	活动一　商品卖点导购话术
	活动二　自动回复的设置技巧
材料准备	微店后台
知识准备	商品导购话术
技能准备	微店后台相关操作

活动一　商品卖点导购话术

在进行商品导购时,我们可以根据FABE法则来设计我们的导购话术。

F	Features,商品有什么特性或特征特点。例如商品的材质、工艺等。
A	Advantages,商品有什么优势、优点。
B	Benefits,商品的利益点,能为客户带来什么好处。
E	Evidence,证据,能够佐证F、A、B的证据。

F:指商品的外在特征,例如包装、外形、材料等。在进行商品卖点导购时,说出商品的特征,能够体现出商品的差异化。在市场上,同类型的商品很多,客服想要留住客户,就要突出商品与其他同类商品的差异,差异化能够区别同类商品的不同档次,还可以定位其消费层次,在一众相似产品中脱颖而出。如果没有差异化,客服的导购话术也会显得缺乏依据。

A:指商品的优势,A是在F上延伸出来的,在讲完特征之后,客服还需要从特征上提炼出这些特征的优势,如果没有优势,那么特征也不是特征了。商品的优势可以包括价格优势、功能优势、体验优势等。

B:指商品的利益点,就是能够为客户带来的好处,这一步能够直接针对消费者的消费心理,也是消费者购买商品时最关键的因素。商品的利益点有很多,例如时尚美观、显瘦、方便生活等。

E:指证据,能够佐证F、B、A的证据。在前三个步骤里,客服已经向客户介绍了商品的特征、优势和利益点,可是这些都只是客服的口头语言,并没有落实到具体的证据上,在E环节,客服就需要用具体的证据来证明自己在前面所说的话语。证据可以是商品细节展示、功能展示、质检证书、专利证书等。

案例:

小丽有天接待了一位想买T恤客户,以下是他们的对话。

客户:"我想买一件旅行穿的T恤,有什么比较适合的吗?"

小丽："亲，您可以看下这款 T 恤，这款 T 恤是纯棉材质，采用最新的网眼织法，吸汗透气，穿着舒适，还防静电、不起球，产品使用时间长；它的衣领采用小翻领设计，简单大方，适合出游、工作、生活多场合的穿着搭配，为您提供风格不同的穿着体验；衣服的锁边采用网底双针设计，您在穿着过程中，不再需要担心开线等问题；衣服口袋处的绣花设计，给整个衣服增添了亮点，提升了 T 恤的档次。"

"这款 T 恤的设计已获得相关专利，您可以在商品详情页看到。这也是我们店的热销款，您可以看看评论中其他客户对我们的评价哦。"

案例分析：通过以上案例我们可以归纳出客服在话术中 FABE 法则的运用：

F	A	B	E
纯棉 网眼织法 小翻领 网底双针 绣花	吸汗透气 防静电 不起球 不会开线	穿着舒适 适合场合多 不用担心开线问题 消费档次提升 方便搭配 使用时间长	专利证明 其他客户评价

小丽在对客户进行导购时，使用了 FABE 法则，当然，FABE 法则的使用不需要太过于死板，可以根据具体情况灵活使用。这就需要联系到在项目一中所学到的消费者心理分析，比如有的客户比较在乎产品的真伪，客服可以先给客户介绍产品的相关资质证书，再来强调产品的性能。

钻石产品的 FABE 话术

产品特性 1：高净度——天然内含物小、罕有。

优点 1：看起来感觉钻石火光清晰。

好处 1：当你和朋友打麻将或聚会时你手上的钻戒的火光都比身边其他朋友的钻戒来得清晰夺目。众人的眼睛就很自然停留在你手上，你要做好心理准备去接受别人的美慕眼光噢！

证明 1：下面我们来做个打灯的实验，您看一下，我所打在钻石上的红色灯光是不是非常耀眼地反射到了周边的白纸上？是不是很醒目？

产品特性 2：净度低——是钻石的天然印记。

优点 2：可透过专业的十倍放大镜辨认出钻石是否是纯天然，价格也具有吸引力。

好处 2：就算是遇到同款同重量的钻石，你都能用十倍放大镜辨认出哪一件首饰是你的，不用害怕混淆不清。别人想骗走你的钻石也骗不到。

证明 2：您看，通过肉眼我们都可以看到这两款钻石的不同。

产品特性 3：低颜色,够色彩。

优点 3：给人时尚感、令人感到你的专有个性,价格具有吸引力。

好处 3：时尚的色彩款,尽显出你的个人品位,别人只能投出羡慕的眼光看你的钻戒,你要做好心理准备去迎接别人羡慕的眼光噢。

证明 3：您看,您戴的跟大家明显不一样,是不是有种引领朋友圈潮流的感觉。

铂金的 FABE 话术

产品特性：纯度高。

优点 1：硬度高,不容易变形。

好处 1：当你开车用力握方向盘时都不怕戒指会变形,所以你佩戴时不必顾虑太多/当你打麻将自摸胡,开心到要大力拍桌子时都不怕戒指会变形。当你日常开关门锁、开关车门时都不用担心戒指会变形了。/当你干家务活或日常有机会拿起重物时也不用担心戒指会变形。所以现在越来越多人喜欢购买铂金!

证明 1：黄金饰品佩戴不小心很容易变形,这是大家都知道的事实,你看这款铂金的戒指,你用手指来感受一下,是不是明显比黄金硬多了?

优点 2：硬度高,不易磨损。

好处 2：当你经常开车,一天又一天的用力握方向盘时不多不少都有机会构成磨损,如果金属抵抗力弱会有变黄或陈旧的感觉。但你现在选得这个铂金的首饰,就不用担心这些问题,佩戴的时间不光长还会有日久如新的感觉!

证明 2：您看这份资料说明,足金的硬度只是 2 左右,相当于人的指甲的硬度,而铂金的硬度是黄金的 2 倍。

优点 3：不容易变色。

好处 3：当你日常有机会接触一些化学物质品,如洗涤剂、漂白水、香水、定形水等,都不怕因为长期接触而变色,而有变黄陈旧的感觉。别人佩戴一年就有残破的感觉,而你不但佩戴的时间比别人长,还会给人日久如新的感觉。(一般情况不要运用这点,在最后还是要告诉顾客尽量少接触化学物质品的相关保养方法)

证明 3：如果你还记得高中时的化学实验中有个叫焰色反应的,你就应该还记得老师说过,铂金的化学性质是最稳定的。

活动二 自动回复的设置技巧

微店客服和网店客服一样,经常需要同时面对很多客户的咨询,而回复是否及时在很大程度上会影响客户的购买行为,所以设置自动回复就可以大大降低客户的流失。另外,客服通过把买家经常询问的问题编辑成问题和答案,以自动回复的形式展现给买家。就算当店铺比较繁忙时,买家也可以自助获取自己想知道的信息,这也可以提高客服的工作效率。

但是,自动回复也不仅是"欢迎""您好""再见"这样简单的字眼,好的自动回复可以让客服的工作事半功倍。设置微店自动回复有几点技巧：

1. 被添加自动回复

每个粉丝关注你的公众号的时候,都会收到自动回复,除非那些没人运营的公众号。如果是自动回复一句"感谢关注",那也太浪费这个功能了。所有做运营的人都应该好好利用"被添加自动回复"功能,首先介绍本号能给粉丝带来什么,然后再做一个导引。如果为了留住客户,再增加一些优惠,那效果会更好。

2. 消息自动回复

毕竟没有公众号的客服能 24 小时值班回答用户的问题,那么"消息自动回复"就是一个积极回应的缓冲。当我们没法为用户服务时,至少要给一个解决方案,如"上班时间是 9:00～18:00,请您稍后再来!"还有一些微店会在自动回复中留下了客服的其他联系方式,如客服电话、邮箱等。

3. 关键字自动回复

关键字自动回复就像智能机器人,设计好关键词,用户只需要输入关键词,就能得到答案,这也有点像《康熙字典》,查询某个词,就能知道它的意思。比如说,用户发送"发货时间",公众号就会自动回复"本店发货时间为付款后 24 小时内,按照订单销售顺序发出"。

4. 嵌入链接——提高阅读率

公众号回复的内容篇幅有限,这时就可以在回复和推送中加入一些文章或商品链接,方便用户点击加入了解详细信息。

5. 获取优惠券

微店还可以设置领取优惠券选项,方便客户领取。

6. 签到——让用户天天来

服务号一个月只能发 4 条,订阅号一天发 1 条,在这种情况下除了通过嵌入链接、关键词回复外,还有一个可以让用户每天都来看看的功能,就是"签到"。几乎所有的网站、贴吧、QQ群都有签到功能,微信中也可以,不过是属于第三方付费应用,签到应用要设计一定的规则,有相应的礼物。例如大体的签到规则如下:

① 根据每天签到的时间顺序排名次,名次越靠前,积分越多,第 1 名 30 分,第 2—3 名 20分,依次减少,20 名之后就只有平时的签到积分了,鼓励大家按时签到。

② 每天签到的积分根据连续日期的增长而不断增加,第 1 天只有 1 分,第 2—3 天有 2分,第 4～10 天有 3 分,依次增加,鼓励大家坚持每天都来。

③ 同时还按月记录签到天数和总签到天数,月底会发放全勤奖,其他节假日或者累计达到多少天之后都会有奖励,按月度进行考核,在周期内形成激励。

④ 专门做了荣誉系统,级别越高。

⑤ 在签到结尾处预留了空间,可以加一些备注,例如新上了什么功能,或者有新的内容推荐,这样就把原本需要推送的消息变成了粉丝自动获取,化被动为主动。

◇ **案例赏析**

飞鹤奶粉的微店自动回复设置

1. 关注回复和嵌入链接

用户关注飞鹤官方商城的微店后,就会收到一条自动回复,在该条回复中,首先对用户的关注表示感谢,再通过嵌入链接的方式向用户介绍一些信息,用户点击链接就会进入相应信息网页。

图 6-3　关注回复

2. 关键字回复

用户发送某个关键字后，公众号就会自动回复和这个关键字相关的信息，节约用户等待人工客服回复的时间。

图 6-4　关键词回复

3. 领取优惠

用户可以通过微信公众号中的"领取返现"获取店铺的一些优惠条件。

图 6－5

下载微店 APP，了解开设微店的流程。

● 自我评价

主要内容	自我评价等级（在符合的情况下面打"√"）			
	全都做到了	大部分（80%）做到了	基本（60%）做到了	没做到
熟悉客户咨询的应答流程				
理解客户咨询的应答技巧				
掌握客户咨询的应答方法				

主要内容		自我评价等级(在符合的情况下面打"√")			
		全都做到了	大部分(80%)做到了	基本(60%)做到了	没做到
自我总结	我的优势				
	我的不足				
	我的努力目标				
	我的具体措施				

● 小组评价

主要内容	小组评价等级(在符合的情况下面打"√")			
	全都做到了	大部分(80%)做到了	基本(60%)做到了	没做到
熟悉客户咨询的应答流程				
理解客户咨询的应答技巧				
掌握客户咨询的应答方法				
建议				
			组长签名:	年 月 日

● 教师评价

主要内容	教师评价等级(在符合的情况下面打"√")			
	优秀	良好	合格	不合格
熟悉客户咨询的应答流程				
理解客户咨询的应答技巧				
掌握客户咨询的应答方法				
评语				
			教师签名:	年 月 日

项目练习

一、单项选择

1. 下面哪一项是微店的营销方式?（　　）
   A. 微信公众号　　　　　　　　　　B. 淘宝店铺
   C. 微博　　　　　　　　　　　　　D. QQ 空间

2. 下面哪一项是微店客服和传统客服的相同点?（　　）
   A. 送赠品　　　　　　　　　　　　B. 服务目的
   C. 退换货　　　　　　　　　　　　D. 降价

3. 下面哪一项是自动回复的设置技巧?（　　）
   A. 关注回复　　　　　　　　　　　B. 购买回复
   C. 取消回复　　　　　　　　　　　D. 赔偿回复

4. FABE 法则中的 F 是指（　　）。
   A. Furture　　　　　　　　　　　　B. Fame
   C. Features　　　　　　　　　　　　D. Finger

5. FABE 法则中的 A 是指（　　）。
   A. Addition　　　　　　　　　　　B. Answer
   C. Amount　　　　　　　　　　　　D. Advantages

6. FABE 法则中的 B 是指（　　）。
   A. Benefits　　　　　　　　　　　　B. Blossom
   C. Business　　　　　　　　　　　　D. Book

7. FABE 法则中的 E 是指（　　）。
   A. Earnings　　　　　　　　　　　B. Evidence
   C. Economics　　　　　　　　　　D. Editorial

8. 关键词自动回复的核心是（　　）。
   A. 客户　　　　　　　　　　　　　B. 问题
   C. 客服　　　　　　　　　　　　　D. 关键词

二、请归纳出以下案例中的 FABE

客服:"您好,您想买什么呢?"

客户:"这个包多少钱啊?"

客服:"这款包包1.9万。"

客户:"怎么这么贵啊,＊＊店铺也有一款一样的包才1.1万。"

客服:"女士,我们这款包包与＊＊家那款不一样。"

客户:"有什么不同啊,我看着都是一样的啊。"

客服:"您看看我们这款包包的表面,是不是与众不同?"

客户:"看不出来。"

客服:"这款包包的皮质采用小公牛颈部的皮,皮质颗粒大,防刮伤,比较容易塑型,包包造型使用长时间后不会垮塌,即使你使用 10 年,保养得当的话皮质还和刚买的一样。另外包包的五金采用实心全铜镀金制作,经过 32 道抛光打磨而成,不变色、防划伤。这款包包的设计我们是有专利证书的,有些包包虽然外形和我们的一样,但是皮质和五金相差很多,您可以仔细观察包包皮质的材质说明了解。"

项目目标

● **知识目标**

1. 了解 KPI 系统的基本功能；
2. 学习查看客服聊天记录；
3. 掌握查看客服数据的操作；
4. 学习设置客服绩效考核方案。

● **技能目标**

1. 能够查看客服数据；
2. 能够设置客服绩效考核方案；
3. 能够设置客服排班。

● **情感目标**

1. 具备绩效考核意识；
2. 具备客服数据分析意识。

项目流程

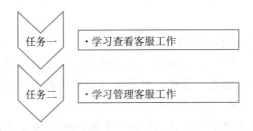

项目导读

通过前面的学习,我们了解到客服对于电商企业来说非常重要。对客服工作的考核也是企业运营过程中重要的一环。在本项目中,我们将通过任务一学习查看客服工作,通过任务二学习管理客服工作。

项目实施

◇ **案例链接**

华为 KPI 管理系统

一、KPI 的选取

1. 根据平衡记分卡选择 KPI

平衡记分卡的理念在本世纪初引入中国后,在一些大企业集团得以践行。图 1 是华为运用平衡记分卡的案例。华为在对下属子公司、地区部设计 KPI 时运用了平衡记分卡的理念，追求平衡、综合的评价。

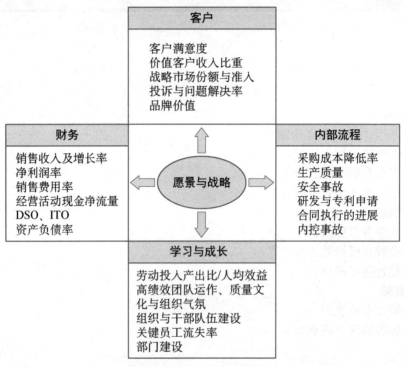

图 7-1 华为 KPI 指标的选取

2. 根据财务金三角选择财务 KPI

财务指标仅仅是子公司 KPI 的一部分。我们需戒备过度关注财务指标、轻视非财务指标的心理。财务 KPI 的选取依据是什么呢？财务管理的目的是企业价值最大化，企业健康体现为增长性、盈利性、流动性三者（俗称财务金三角）的平衡。

财务 KPI 的选取应围绕财务金三角，每个角度都应选取切合子公司实际的指标，而不应偏颇于单一方面。另外，"三角"自身构成要尽可能多元、细化。增长性、盈利性、流动性指标的选择要有代表性、总括性、典型性，需体现公司价值增长点和管理改进的方向。以华为为例，某地区部选定的财务 KPI 如下：

表 7-1 华为财务 KPI 结构比率一览表

	KPI 指标	权重
增长性	合同额	10
	收入	20
	服务收入	5
	小计	35

续表

	KPI 指标	权重
盈利性	销售毛利率	10
	净利润	15
	销售费用率	3
	内部运作费用率	2
	小计	30
流动性	回款	15
	DSO	5
	ITO	10
	超长期应收账款占比	5
	小计	35
总计		100

二、KPI 指标权重的设置

1. 财务金三角的权重设置

选定 KPI 后，需要给 KPI 赋予权重。KPI 权重设置需考虑两个因素：子公司发展的薄弱点和母公司的业绩期望。如，华为近年来发展迅猛，对现金流的需求日趋迫切，因此近年来华为总部相继增加了 DSO、ITO 等 KPI，并加大了流动性考核权重。从表 7-1 不难看出华为地区部 KPI 架构中增长性、盈利性、流动性权重比为 3.5∶3∶3.5。这一权重结构不难解读华为考核牵引意图：实现有利润、现金流支撑的规模增长。

根据子公司发展阶段不同，KPI 权重设置建议如下（按增长性、盈利性、流动性排）：

新成立的公司：5∶3∶2；

稳定发展的公司：4∶3∶3；

现金流紧张的公司：4∶2∶4；

亏损或微利企业：4∶4∶2。

KPI 选取、权重设置是母、子公司绩效评价的基础。KPI 选取体现母公司的牵引意图，权重设置反映母公司的着力重点。二者实质意义重于形式，对权重设置尤不可马虎，否则，同样的绩效可能得出相去甚远的考核结果。

2. 总额指标与比率指标的权重设置

从数理角度看，KPI 大致可分为：总额指标（绝对数）、比率指标（相对数）。总额指标如收入、回款、总利润，比率指标如销售毛利率、净利润率、销售费用率。一般来说，总额指标考核幅度小，偏刚性；比率指标考核幅度宽，如销售费用率指标低可能同时要做到费用绝对额下降、销售规模上升。

曾有一个典型案例，"要利润不要收入"：某子公司收入完成较好，为了不拖累利润率，对低毛利产品的销售有抵触。从经济人视角看，子公司的做法无可厚非，但这种做派有损集团利

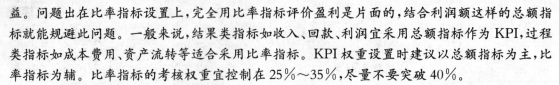

益。问题出在比率指标设置上,完全用比率指标评价盈利是片面的,结合利润额这样的总额指标就能规避此问题。一般来说,结果类指标如收入、回款、利润宜采用总额指标作为 KPI,过程类指标如成本费用、资产流转等适合采用比率指标。KPI 权重设置时建议以总额指标为主,比率指标为辅。比率指标的考核权重宜控制在 25%～35%,尽量不要突破 40%。

三、KPI 目标制定时常见的问题

KPI 选定及权重设置后,母公司需制定目标并下发给子公司。母公司是绩效评价的主体,子公司是客体,客体对信息的占有比主体更充分。目标须经足够努力方能实现,"跳起来够得着"才是目标,但把目标下在"天花板"的位置是不易的。一方面由于信息不对称,另一方面在于目标博弈中双方谈判能力的高低。在 KPI 目标下达时,常见以下四类问题:

1. 会哭的孩子有奶喝。母公司下目标的基准是将自身承接的目标放大(如加成 20%),按子公司上年绩效扩张性分派,特殊情况个别调整。但每次目标博弈,总有子公司能找出种种理由把目标再压低点。

2. 鞭打快牛。对上年绩效好的子公司,目标层层加码。曾有子公司高管戏言:三季度 ITO 76 天,四季度目标成了 70 天,为了避免来年目标更"苛刻",只有四季度认栽,把 ITO 做到 90 天了。

3. 同情"弱者"。某些子公司上年考核较差,未见经营管理有显著改进,本年绩效却明显好转。虽非绝对但不可否认,上级会尽量不让同一子公司连续完不成目标。

4. 打埋伏。吃不透子公司的"家底",目标未能锁定子公司实际能力。年末留"余粮"多,来年自然能轻松斩获"战果"。

给子公司下目标要客观,同时做到子公司之间公正,一方面需要目标制定者有开放的心态,另一方面需要母公司加强子公司监控,力求减轻信息不对称。

四、子公司 KPI 的考核

1. 考核标的应相对细化

很多人碰到过这类问题,某子公司各产品毛利率都居前列,但整体销售毛利率却是后进水平。原因出在销售结构,低毛利产品销售权重过大。从商务能力看,该子公司是出色的,我们是评价它盈利好还是差呢?如果能将毛利率按产品(线/族)考核,这种尴尬就不会有了,评价将会更客观。

这一案例也说明,不同的 KPI 考核角度是有差异的,如净利润额着眼于综合盈利能力,销售毛利率则着眼商务谈判水平,对盈利评价反倒是次要功能。对于多事业部、多产品线、多客户群的子公司,如果 KPI 笼统为之,考核效果会大打折扣。将考核标的细化到各独立业务单元,考核的牵引作用会更有效。

2. 开放式的评分标准

KPI 考评自然要打分量化,打分有开放式和收敛式两种。完成目标给满分,超额部分不予考虑的打分方式是收敛式的,反之是开放式的。华为 CN 地区部在 2008 年四季度在 ITO 考核使用了"开放评分法",以 80 天为基准,兼顾子公司的努力——参照改进率打分,执行后子公司反响热烈。实际上其他过程指标如 DSO、超长期欠款率都可以尝试此思路。

当 ITO≤80 天,得分 = 5 + 0.1 × (80 - ITO),6 分封顶

当 ITO>80 天,得分 = 取大[5 + 0.1 × (80 - ITO),改进率×12.5],5 分封顶

改进率 = 1 - Q4ITO ÷ Q3ITO

结果类指标(合同额、收入等)须兼顾格局、增长、人均,如已有效(有盈利、有现金流)占领

了绝对优势的市场,能保持格局考评就应是满分,继续上升还要加分。格局平时看增长,包括市场占有率的增长和绝对额的增长。市场萎缩了,子公司绝对量虽下降,但格局提升,仍应给它一个好的评价。发展平稳的子公司考察人均效率,格局没有改进,人员精简了,也是进步。

3. 竞争式的考核方式

KPI考核不能满足于达成目标,华为的"末位淘汰制"值得借鉴。实际经营成果往往介于目标和理论极限之间(见图7-2),各子公司居其间各有高下。母公司自然希望子公司发挥最大潜力,相应地,考核时就要看好超目标更多的子公司。得分靠后的子公司即便完成了目标,也要受到相应的处罚。这就是末位淘汰制的精髓,这种方法的优越性在于不间断的压力传递,可杜绝60分万岁的心理,规避子公司在完成目标后怠工。

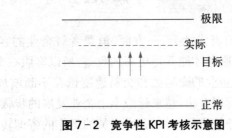

图7-2　竞争性KPI考核示意图

4. 子公司KPI与子公司总经理KPI分开设定

子公司KPI与子公司总经理KPI要分开设定,子公司KPI可以是总经理KPI的构成部分,但不宜等同。否则,可能会因子公司绩效差,埋没总经理在经营管理上的努力。如,推行精细化管理,费用下降明显,但因市场未打开,费用率考核时反倒较差。

任务一　学习查看客服工作

小丽努力工作、不断学习,她的工作能力和业绩得到了上级领导的赞许和认可,经上级领导决定,小丽荣升为网店的客服部主管。作为一个客服主管,小丽需要对她下属的客服人员进行管理和考核。小丽在上任前开始学习如何对客服进行管理。对客服进行管理首先就是借助KPI系统查看客服各项数据。以下是小丽的学习任务清单。

任务清单		
任务目标	了解KPI,学会在KPI系统中查看各项客服工作数据	
任务分解	活动一　了解KPI	
	活动二　学习查看客服聊天记录	
	活动三　学习查看客服数据	

任务清单	
材料准备	KPI 系统
知识准备	KPI 管理知识
技能准备	KPI 系统操作

活动一　了解 KPI

在电子商务行业高速发展的当代社会,一方面,消费者对企业的客户服务要求也越来越高,企业只有提供高质量的客户服务才能获得更高的收益,所以客服在企业发展中起着至关重要的作用。另一方面,电子商务企业的交易额和交易速度也在不断增加。越来越多的企业管理者也开始注意到传统的客服管理方法,越来越跟不上企业发展的步骤。比如,管理者无法知道一个客服工作人员对客户服务的质量如何、客服人员的工作的咨询转化率如何。

基于以上两点需求,很多企业采用客服销售管理系统来管理和优化客服工作,这个系统我们简称 KPI。

KPI(Key Performance Indicator),即关键绩效指标,是通过对组织内部流程的输入端、输出端的关键参数进行设置、取样、计算、分析,衡量流程绩效的一种目标式量化管理指标,是把企业的战略目标分解为可操作的工作目标的工具,是企业绩效管理的基础。KPI 可以使部门主管明确部门的主要责任,并以此为基础,明确部门人员的业绩衡量指标。

企业可以通过 KPI 系统,对企业的客服工作人员进行管理。通过客服销售系统,可以看到每一个客服人员的工作过程记录、工作绩效和工作效率等方面的数据,这些数据不仅为管理者提供了对客服人员的绩效考核依据,还可以激励和规范客服工作人员的工作。除了这些数据监测功能之外,客服销售管理系统还为管理者提供了一些客服管理功能,比如绩效管理和客服排班等。

总的来说,客服销售管理系统的功能有以下四点:
① 客服聊天监测;
② 客服数据收集;
③ 客服绩效管理;
④ 客服工作排班。

活动二　学习查看客服聊天记录

客户通过在线交流软件向客服人员咨询商品信息,客服销售管理系统会记录下所有的客服回复和服务信息与客户咨询信息,管理者可以根据此项记录信息了解客服人员的服务态度和服务内容。

例如,管理者可以从聊天记录中查看客服人员的用词是否礼貌、是否能准确回答客户咨询、是否能解决客户问题等。

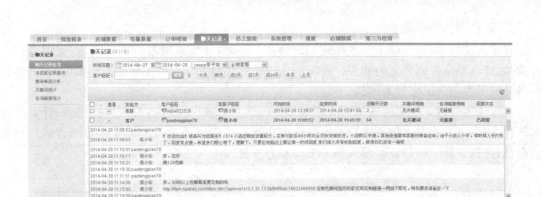

图7-3　客服聊天记录

活动三　学习查看客服数据

为了提高客服人员的服务质量和工作效率,管理者需要对客服工作过程中产生的数据进行了解。

客服销售管理系统通过对客服工作过程中产生的各种数据和信息进行监测、记录,使管理者可以更加清晰明确地对客服人员的工作过程进行考查和管理,同时也可以帮助客服人员改善其服务质量、提高工作效率。

1. 查看工作效率数据

一个出色的客服人员,不仅有好的服务质量,还需要具备高的工作效率。所以,管理者在考察客服人员时,还需要查看其工作效率数据。电子商务企业客服人员的工作效率,可以从客户咨询的响应时间、回复率、接待客户时间、接待咨询数、客服回答次数等数据得出。客服销售管理系统就从这几个项目出发,监测到这几项的具体数据。

这几项数据越高,就表明该客服人员的工作效率越高。管理者从这几个数据高低,查看所有客服人员的工作效率值。

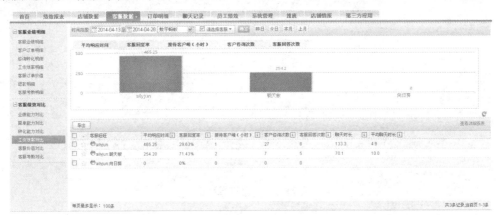

图7-4　客服工作效率数据

2. 查看咨询转化数据

客服在接待客户时,除了快速准确地回答客户咨询,还需要通过与客户交流,促使客户购买商品,这就是从咨询转化为购买。咨询转化也是对客服工作人员工作能力的衡量,咨询转化率越高说明客服的工作能力越强。

客服销售管理系统对店铺的所有客服接待咨询客户数和付款客户数进行记录,计算出咨询转化率(咨询转化率 = 付款客户数÷咨询客户数),管理员通过每个客服人员的咨询转化率的高低,可以直接了解每位客服人员的工作能力情况。

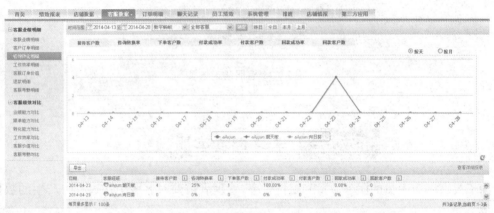

图 7-5 客服咨询转化数据

3. 查看客服订单数据

每个客服工作人员的工作过程,最终都会反映到订单上,订单是每个客服人员的工作能力、工作效率、工作内容的最终结果。订单量的多少和订单价格的高低都是对客服工作人员工作的反映。

客服销售管理系统给管理者提供了客服订单数据监测功能,管理者通过客服订单数据,可以了解每位客服人员的订单数量和订单价格,通过这两项数据考察客服人员的工作业绩。

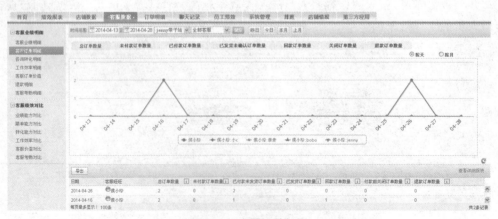

图 7-6 客服订单数据

 任务训练

登录 KPI 系统,查看某位客服人员的咨询转化率数据。

任务评价

● 自我评价

主要内容	自我评价等级(在符合的情况下面打"√")			
	全都做到了	大部分(80%)做到了	基本(60%)做到了	没做到
熟悉 KPI 的含义				
理解客服数据的重要性				
了解客服数据的查看方法				
自我总结	我的优势			
	我的不足			
	我的努力目标			
	我的具体措施			

● 小组评价

主要内容	小组评价等级(在符合的情况下面打"√")			
	全都做到了	大部分(80%)做到了	基本(60%)做到了	没做到
熟悉 KPI 的含义				
理解客服数据的重要性				
了解客服数据的查看方法				
建议				

组长签名:　　　　年　月　日

- **教师评价**

主要内容	教师评价等级(在符合的情况下面打"√")			
	优秀	良好	合格	不合格
熟悉KPI的含义				
理解客服数据的重要性				
了解客服数据的查看方法				
评语				

教师签名： 年 月 日

任务二 学习管理客服工作

任务描述

客服人员是企业的基柱,是公司业绩不断上升的因素之一,所以作为企业的客服工作人员,尤其是客服管理人员,需要学会设置客服绩效考核方案和安排客服排班。小丽在成为客服主管前也需要掌握客服管理的各项操作。下面是小丽的学习任务清单。

任务清单	
任务目标	学会管理客服工作,掌握KPI系统相关操作
任务分解	活动一 学习设置客服绩效考核
	活动二 学习设置客服排班
材料准备	KPI系统
知识准备	KPI管理知识
技能准备	KPI系统操作

活动一 学习设置客服绩效考核

小丽所在的网店有客服人员10人,以前的客服主管每个月核算客服人员的工资时,需要手动地统计客服人员的销售提成、工资底薪、考勤工资和生活补助这几项数据,主管通过计算器一个个核算好每个客服人员的工资需要2天时间,而且还有一定的错误率,比如计算错误等;现在,网店采用了客服销售管理系统,小丽只需要在系统中点击设置几项参数,系统就会自动核算出所有客服人员的工资,并且不会出错,整个过程仅几分钟。现在就让我们跟着小丽来设定一个绩效考核方案。

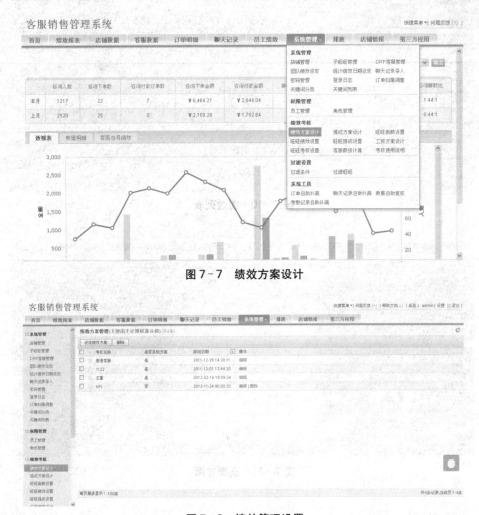

图7-7　绩效方案设计

图7-8　绩效管理设置

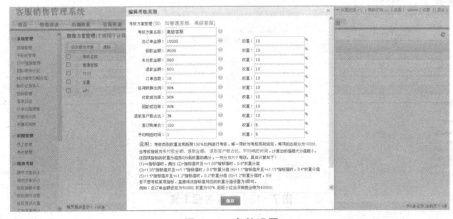

图7-9　参数设置

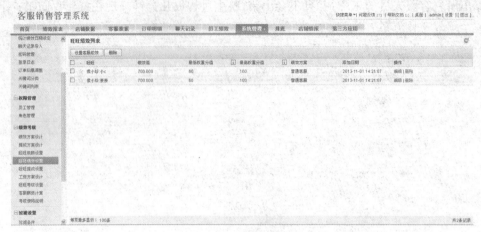

图 7-10　绩效列表

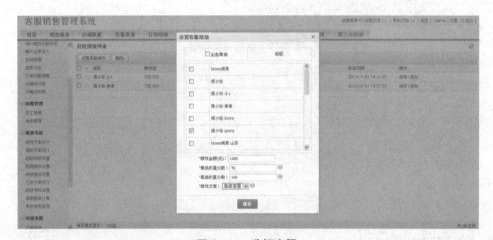

图 7-11　选择客服

图 7-12　查看客服工资

① 如图7-7,图7-8,设定参数。

选择 KPI 系统中的"系统设置",点击选项"绩效考核方案设计",进入绩效方案管理页面。

② 如图7-9,点击"设定绩效方案",进入方案参数设定页面。根据店铺运营情况,设定每项数据,设定好后点击"保存"。

这样一个绩效考核方案就设置好了。

③ 如图7-10,绩效考核方案制定好了,现在就需要选择客服人员,对其的业绩进行考核。

小丽点击"系统设置里面",选择"旺旺绩效列表",进入客服绩效列表页面。

④ 如图7-11,图7-12,点击"设置客服绩效",进入客服的绩效设置页面,小丽选择了Jenny 这个客服,给她规定绩效金额1 000 元,最低权重分数70 分,最高权重分数100 分,点击保存。

这样 Jenny 的绩效考核方案就设定好了,小丽就可以在客服薪资计算表里看到 Jenny 的工资明细。

活动二　学习设置客服排班

传统的客服人员工作排班都是通过人工安排,现在,客服销售管理系统为管理者提供了客服工作排班功能,管理者只需要在系统中输入客服人员名称和工作安排时间,系统就会自动排好上班人员和时间。

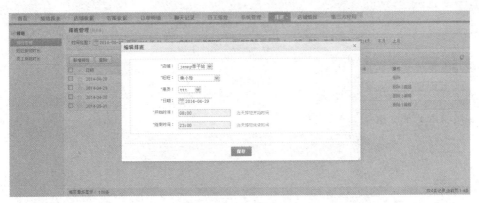

图7-13　排班管理

图7-14　编辑排班

图7-15 查看排班

① 如图7-13,点击"排班",进入排班管理页面。

② 如图7-14,点击新增排班,就可以设置客服的排班信息。

选择一家店铺名称,再选择店铺中的一个客服工作人员,然后设定工作日期和当天的工作起止时间,这样一个客服排班就设定好了。

③ 如图7-15,管理者也可以点击"员工排班时长"查看每个员工的已排班时间和未排班时间。

任务训练

在KPI系统中,为一位客服人员设置一项绩效考核方案,并对他进行考核。

任务评价

● 自我评价

主要内容	自我评价等级(在符合的情况下面打"√")			
	全都做到了	大部分(80%)做到了	基本(60%)做到了	没做到
熟悉绩效考核的数据设置				
理解客服考核方案的设置				
了解客服排班的系统操作				
自我总结 我的优势				
我的不足				
我的努力目标				
我的具体措施				

- **小组评价**

主要内容	小组评价等级(在符合的情况下面打"√")			
	全都做到了	大部分(80%)做到了	基本(60%)做到了	没做到
熟悉绩效考核的数据设置				
理解客服考核方案的设置				
了解客服排班的系统操作				
建议				

组长签名：　　　年　月　日

- **教师评价**

主要内容	教师评价等级(在符合的情况下面打"√")			
	优秀	良好	合格	不合格
熟悉绩效考核的数据设置				
理解客服考核方案的设置				
了解客服排班的系统操作				
评语				

教师签名：　　　年　月　日

项目练习

一、单项选择

1. KPI 是指(　　)。

　　A. 客户服务　　　　　　　　　B. 关键绩效指标

　　C. 核心数据　　　　　　　　　D. 客户关系管理

2. KPI 核心是(　　)。

　　A. 客服工作数据　　　　　　　B. 商品数据

　　C. 客户数据　　　　　　　　　D. 企业信息

3. KPI 系统的功能不包括(　　)。

    A. 客服管理　　　　　　　　　　　B. 客服数据分析

    C. 客服数据查看　　　　　　　　　D. 修改订单信息

4. 客服工作数据不包括(　　)。

    A. 工作效率数据　　　　　　　　　B. 订单数据

    C. 咨询转化数据　　　　　　　　　D. 产品利润

5. KPI 系统可以实现(　　)。

    A. 客服考核　　　　　　　　　　　B. 客户呼出

    C. 利润计算　　　　　　　　　　　D. 客户接入

6. 设置绩效考核第一步是(　　)。

    A. 数据计算　　　　　　　　　　　B. 客服考核

    C. 参数设定　　　　　　　　　　　D. 客服管理

7. 客服订单数据包括(　　)。

    A. 订单数量　　　　　　　　　　　B. 成本

    C. 客户数量　　　　　　　　　　　D. 利润

8. 客服咨询转化数据包括(　　)。

    A. 接待咨询客户数　　　　　　　　B. 订单总额

    C. 客单价　　　　　　　　　　　　D. 订单价

二、多项选择

1. KPI 由哪3个单词组成?(　　)

    A. Key　　　　　　　　　　　　　B. Indicator

    C. Performance　　　　　　　　　D. Indicate

2. KPI 系统可以实现(　　)。

    A. 客服聊天记录查看　　　　　　　B. 客服绩效管理

    C. 客服工作数据收集　　　　　　　D. 客服工作排班

3. 客服工作效率数据包括(　　)。

    A. 响应时间、回复率　　　　　　　B. 接待客户时间

    C. 接待咨询数　　　　　　　　　　D. 客服回答次数

4. 咨询转化数据包括(　　)。

    A. 接待咨询客户数　　　　　　　　B. 订单价

    C. 付款客户数　　　　　　　　　　D. 客单价

5. 订单数据包括(　　)。

    A. 订单数量　　　　　　　　　　　B. 订单价格

    C. 客户人数　　　　　　　　　　　D. 客户单价

6. 查看客服聊天记录是为了(　　)。

    A. 查看客服用语是否规范　　　　　B. 查看客服服务态度

    C. 查看客服工资　　　　　　　　　D. 查看客服工作内容

7. 设置绩效考核方案是为了(　　)。

    A. 激励客服　　　　　　　　　　　B. 考核客服

C. 安排客服工作　　　　　　　D. 给客服人员增加工作压力

8. 设置绩效方案需要（　　　）。

A. 设置参数　　　　　　　　　B. 保存绩效方案

C. 计算工资　　　　　　　　　D. 计算奖金

三、判断

1. KPI 是指关键绩效指标。（　　　）

2. KPI 系统可以实现客户呼入。（　　　）

3. KPI 系统可以设置客服排班。（　　　）

4. KPI 系统可以查看企业销售利润。（　　　）

5. 设置绩效方案需要设置参数。（　　　）

6. 咨询转化率是由接待客户数和客单价决定的。（　　　）

7. 客服订单数据包括订单数量和订单价格。（　　　）

8. 客单价就是工作效率数据。（　　　）

四、案例思考

在全球经济增长放缓，社会需求减弱，产品竞争日益激烈的今天，当产品档次在同一层次的时候，客户服务工作将首当其冲。在客户管理工作中，客户服务工作是常与客户来往，直接为客户服务的工作，它起到公司和客户之间缓解矛盾、增进感情、加深了解进而提高服务的重要作用。从一定意义上说，只有在服务上的功夫做好了，才有可能保证企业的良性运转。

请思考客服对企业的重要性有哪些？

参考答案

项目一

一、单项选择

1. A 2. C 3. A 4. A 5. D

二、案例思考

1. 学习新的客服知识，不断充实自己，提高自己的岗位知识。

2. 掌握新的客服工具的使用，提高自己的业务能力。

项目二

一、单项选择

1. C 2. D 3. A 4. A 5. A 6. C 7. B 8. A

二、多项选择

1. ABC 2. ABD 3. AB 4. AD 5. AC 6. AD 7. ABC 8. ABC

三、判断

1. √ 2. × 3. × 4. √ 5. × 6. × 7. × 8. √

四、案例思考

1. 向客户强调该商品的卖点，例如价格优惠、使用功能等。

2. 强调限时优惠，例如限时抢购，限时特价等，吸引客户尽快购买。

项目三

一、单项选择

1. C 2. A 3. B 4. D 5. A 6. A 7. A 8. A

二、多项选择

1. ABC 2. ABC 3. ACD 4. ABCD 5. ABC 6. ABCD 7. ABC 8. ACD

三、判断

1. √ 2. × 3. √ 4. × 5. √ 6. √ 7. √ 8. √

四、案例思考

答案示例：亲，您下单的宝贝＊＊还没有付款哦，店小二＊＊提醒您及时付款以免错过优惠。

项目四

一、单项选择

1. D 2. A 3. A 4. A 5. A 6. B 7. A 8. A

二、多项选择

1. ABC 2. ABCD 3. BCD 4. ABD 5. ACD 6. ABCD 7. ABC 8. AB

三、判断

1. × 2. √ 3. √ 4. × 5. √ 6. √ 7. × 8. ×

四、案例思考

答案要点：1. 买家责任：出现问题应该申请售后，退货退款。

2. 卖家责任：商品与描述不符，售后服务态度差，恶意泄露买家信息。

项目五

一、单项选择

1. C 2. C 3. D

二、案例思考

咨询转化率 = 45 342 ÷ 98 126

客单价 = 987 515 ÷ 98 126

退款率 = 32 ÷ 2 097

项目六

一、单项选择

1. A 2. B 3. A 4. C 5. D 6. A 7. B 8. D

二、案例思考

F：皮质采用小公牛颈部的皮，皮质颗粒大，防刮伤，比较容易塑型；五金采用实心全铜镀金制作，结果 32 道抛光打磨而成。

A：包包造型使用长时间后不会垮塌：不变色、防划伤。

B：包包造型使用长时间后不会垮塌：不变色、防划伤。

E：专利证书。

项目七

一、单项选择

1. B 2. A 3. D 4. D 5. A 6. C 7. A 8. A

二、多项选择

1. ABC 2. BCD 3. ACD 4. AC 5. AB 6. ABD 7. ABC 8. AB

三、判断

1. √　　2. ×　　3. √　　4. ×　　5. √　　6. ×　　7. √　　8. ×

四、案例思考

1. 好的服务会带来更多的生意。服务的品质往往是使同类型产品在市场竞争中脱颖而出的唯一因素。

2. 服务与价格并列为第二要素。消费者在选择产品时，经常会把服务的品质列为优先考虑，而产品本身的品质则为第二考虑要素，拙劣的产品固然是使消费者止步的罪魁祸首，而差劲的服务则是第二号凶手。这不仅影响客户对企业的形象，还影响他们对产品的价值观。

3. 好的服务是一种附加价值。必然有助于提高产品的价值。消费者在购买时，不可避免地会考虑及对比产品的额外价值。

4. 服务必须即时提供。服务是一种即时的行动，在客户产生需求或不满时，提供即时有效的服务，是打动客户的最佳时机，无论我们做什么，都需要既快又准。

图书在版编目(CIP)数据

电子商务客户服务/蔡燕主编.—上海:华东师范大学
出版社,2019
ISBN 978-7-5675-9107-3

Ⅰ.①电… Ⅱ.①蔡… Ⅲ.①电子商务-商业服务-
职业教育-教材 Ⅳ.①F713.36

中国版本图书馆 CIP 数据核字(2019)第 173271 号

电子商务客户服务

主　　编　蔡　燕
项目编辑　皮瑞光
特约审读　梁雅宁
责任校对　周跃新
装帧设计　庄玉侠

出版发行　华东师范大学出版社
社　　址　上海市中山北路 3663 号　邮编 200062
网　　址　www.ecnupress.com.cn
电　　话　021-60821666　行政传真 021-62572105
客服电话　021-62865537　门市(邮购)电话 021-62869887
地　　址　上海市中山北路 3663 号华东师范大学校内先锋路口
网　　店　http://hdsdcbs.tmall.com

印 刷 者　上海龙腾印务有限公司
开　　本　787×1092　16 开
印　　张　8.75
字　　数　213 千字
版　　次　2019 年 8 月第 1 版
印　　次　2019 年 8 月第 1 次
书　　号　ISBN 978-7-5675-9107-3
定　　价　29.00 元

出 版 人　王　焰